KANT KOMMENTARE

Oskar Negt
Alexander Kluge

Spector Books

Oskar Negt
Alexander Kluge

KANT KOMMENTARE

Vorwort

Es bewegt mich, mit meinem langjährigen Gefährten und »älteren Bruder« Oskar Negt, diese Kant-Kommentare vorzulegen. Ohne Negt, meinen Mentor, hätte ich die BAUGRUBE KANT nicht so gründlich kennengelernt. Der Königsberger Philosoph hat mich überrascht. Er ist alterslos, modern. Es verblüfft mich, wenn er »Mutterwitz« gegen den »Schulwitz« setzt. Dass es zu dieser nochmaligen Zusammenarbeit mit Oskar Negt gekommen ist, darüber bin ich froh.

A. K.

Quod petis in te est – ne te quaesiveris extra.
Persius
Regiom.
d. 18 Mart.
1788
I Kant
Log. et Metaph

K

A

A

N

T

»Vielleicht bilden sich darum noch
einige Kugeln des Planetensystems aus,
um nach vollendetem Ablauf der Zeit,
die unserem Aufenthalte allhier
vorgeschrieben ist, uns in anderen Himmeln
neue Wohnplätze zu bereiten.«

Immanuel Kant,
Allgemeine Naturgeschichte
und Theorie des Himmels

Thermodynamics of black holes
$A = 4\pi R^2 = 16\pi M^2$
$\frac{dM}{dt} = -L = -\frac{\gamma}{15360\pi M^2}.$

1

»Orientierung ist kein bloß philosophisches Problem

Sie ist erfahrungs-gesättigt«

Gespräch vom 21.12.2020

ALEXANDER KLUGE Lieber Oskar, wir setzen nach langer Unterbrechung unsere Gespräche fort. Wir sprechen, weil wir wegen Covid-19 nicht zueinander reisen können, über eine Zoom-Verbindung. Wir sprechen über ein Buch, das deine legendäre Vorlesung von 1974 und 1975 enthält. Das ist ein Zeitpunkt, der *nach* unserem gemeinsamen Buch *Öffentlichkeit und Erfahrung* und *vor* unserem Buch *Geschichte und Eigensinn* liegt.

OSKAR NEGT Ja.

KLUGE Es geht um deine zentrale Kant Vorlesung. Die hast du gehalten in einer Situation, die schon in der Nähe zum »Deutschen Herbst« liegt, dem Herbst 1977, der unsere Republik vor Herausforderungen stellte. Die Frage von Arbeiterkämpfen, aber auch der RAF-Konflikt, ragen in die Vorlesung hinein. Die Vorlesung ist also keine bloß akademische Veranstaltung, sondern eine Art von elementarer Öffentlichkeit. Du warst derjenige von uns beiden, der immer Kant in die Debatte eingebracht hat. Und du hast Kant stets vor dem Hintergrund von Marx interpretiert. Du hast in einem unserer Gespräche Kant – in Anknüpfung an Mendelssohn – als den »Alleszermalmer« bezeichnet.

NEGT Dieser Ausdruck ist ein Versuch kritischer Leute, sich Kant anzueignen mit einer Komponente, welche die Radikalität Kants im Denken betrifft. Kant wird genommen als ein Denker, der die Dinge an der Wurzel fasst. Kants Denken ist immer auch praktisch. Die Abwägung, was in der Realität sinnvoll ist, zu praktizieren, ist immer ein Spiel. Kant ist, ich wiederhole das, ein *praktischer* Philosoph. Und insofern sind seine auf komplexen und komplizierten Gedankengängen gestützten Überlegungen, immer mit den Fragen verknüpft: Was kann ich damit anfangen? Was kann ich besser erkennen? Was kann ich besser tun als das, was gegenwärtig gemacht wird?

KLUGE Er verhält sich republikanisch-praktisch.

NEGT Diese Form der Praxis ist verknüpft mit Orientierungshilfen. Gerade dadurch, dass er die Dinge nicht schon immer im vermittelnden Ausgleich betrachtet, sondern Blöcke formuliert. Unter anderem ist ein Block, der für mich und meine Lebensgeschichte eine Rolle spielt, der Block, den später die Texte von Marx ausmachen. Diese beiden Denker Marx und Kant haben nicht für alles Lösungen zur Verfügung. Aber beide denken konsequent etwas zu Ende bis zu dem Punkt, wo es nicht mehr weitergeht. Dort erklären sie offen, dass sie keine Antworten haben.

KLUGE In deiner zweiten Vorlesung gehst du auf das Verhältnis von Kant zur Französischen Revolution ein. Kant ist ein ferner Zeitzeuge. Er blickt aus Königsberg nach Frankreich. Hat er Revolutionäre persönlich gekannt? Hat er korrespondiert?

NEGT Er hat den Versuch gemacht, Kontakt zu Abbé Sieyès herzustellen, einem der führenden Frührevolutionäre, der die Sätze formuliert hat:

»1. Was ist der Dritte Stand? – Alles.
2. Was ist er bisher in der politischen Ordnung gewesen? – Nichts.
3. Was fordert er? – Etwas zu sein.«

Es gibt von Kant Äußerungen, die viele Menschen erschreckt haben, so sagt er, selbst wenn die Französische Revolution mit Blut getränkt ist, wenn es Verbrechen gegeben hat, bleibt sie ein Geschichtszeichen. Sie bleibt ein Geschichtszeichen für die Möglichkeit des Menschen, sich moralisch zu einer Republik zu vereinigen und nicht der Kausalität bloß Folge zu leisten.

KLUGE Eine Art geschichtliches Subjekt als Republik zu bilden?

NEGT Das ist der Kern. Kant verhält sich im Denken wie ein Handwerker, indem er bestimmte Einsichten als praktischer Philosoph sich aneignet, in denen etwas ausprobiert wird. Er probiert im Denken aus, was zu einem Grundriss des Rechts gehört. Er kommt zum Beispiel zu dem Ergebnis, dass unter allen Bedingungen Menschen nicht lügen dürfen. Es gibt für ihn keinen denkbaren praktischen Grund für unmoralisches Verhalten. Er probiert so etwas aus, wie einer, der Werkzeuge ausprobiert. So geht er mit Begriffen um und die Begriffe sind nicht nur praktisch, sondern die Praxis selbst ist in der Theorie verankert. Das ist immer ein Versuch, die Dinge zu wenden. Das Vermögen des Denkens bezieht sich also auf das Vermögen der freien Entscheidung als Potential.

KLUGE Wie weit reicht das Denken von Kant zurück? Könnte er einen Scholastiker aus dem 12. Jahrhundert verstehen? Einen Duns Scotus oder einen William of Ockham, die ebenfalls kritisch sind und sagen, es hat keinen Sinn, darüber zu philosophieren, wie Füße von Engeln auf einer Schneefläche sich bewegen. Wir müssen das, was wir wissen können, unterscheiden von dem, was wir überhaupt nicht wissen können, was falsch gestellte Fragen sind. Das sagen diese Spätscholastiker.

NEGT Er würde sagen, die Scholastiker können ihre Verwicklungen im Denken ausbreiten, wie sie wollen. Das ist eine Auseinandersetzung mit der Metaphysik. Das ist eine streitbare Sache, ob etwas gilt oder nicht gilt. Nur die Erfahrung gibt das Kriterium ab, wodurch Gültigkeit beansprucht werden kann für bestimmte Lebenszusammenhänge. Er argumentiert verschieden von der Scholastik.

KLUGE Er sagt einmal: Die Vernunft ohne ihre Kritik verhält sich wie eine Natur und kann ihre Entscheidung nur *im Kriege* finden. Und deswegen brauchen wir die Kritik, brauchen wir diesen »Gerichtshof der Vernunft«. Und der macht es möglich, dass wir *im Prozess* miteinander zu einem ruhigen, gesetzlichen Zustand und damit zu Klärungen kommen.

NEGT Er sagt, dass die Menschen nicht von sich aus moralisch handeln. Aber sie haben jedenfalls die Möglichkeit zu handeln nach Prinzipien und das bedeutet auch, dass sie freiheitsfähig sind. Sie sind in der Praxis nicht frei und auch nicht friedfertig, sondern die menschliche Natur ist eher auf den Krieg »gepfropft«. Aber er betont: Ihr habt die Friedensfähigkeit und sie zu nutzen, ist eine normative Bestimmung gegenüber der Realität. Man kann sich nicht rausreden, indem man sagt, das sind alles kausale Verhältnisse, die ohne mich entstanden sind, dagegen kann ich nichts machen. Das entzöge dem Handelnden die Verantwortung. Und dass diese Übernahme der Verantwortung für das eigene Tun in Freiheit den Menschen möglich ist, ist der bleibende Punkt der Kantischen Philosophie.

KLUGE An einer Stelle sagt Kant: »aus so krummem Holze, als woraus der Mensch gemacht ist, kann nichts ganz Gerades gezimmert werden«.

NEGT Und das krumme Holz ist einer der Gründe, warum wir Rechtsverhältnisse, warum wir Institutionen benötigen, warum wir in Gemeinschaft leben wollen und können. Das Gemeinwesen hat bei ihm einen hohen Rang. Es gehört zur Architektonik der kritischen Vernunft.

KLUGE Er sagt auch: Wir leben nicht in dem Zeitalter der Aufklärung, sondern in einem

Prozess, der einmal zu einem Jahrhundert der Aufklärung führen könnte. Und das ist ein Arbeitsprozess. Und wir haben gemeinsam in unserem Buch *Geschichte und Eigensinn* den Arbeitsbegriff in den Mittelpunkt gestellt. Es gibt bei Kant den Begriff der »synthetischen Einheit der Apperzeption«. Der Mensch kann nicht mogeln, wenn er denkt und handelt. Es liegt eine Gegründetheit darin, dass er seine sinnlichen Kräfte und die Verstandeswerkzeuge so zusammenfügen kann, dass eine Werkstatt des Denkens entsteht. »Ich denke« enthält bereits, sagt er, eine Spontaneität, die man nicht weiter hinterfragen und erklären kann. Diese Selbstvergewisserung ist wie eine verlässliche Buchhaltung. Sie ist aber mehr als das. Durch das Gewissen, durch Kategorien, durch die »Arbeit des Denkens« entsteht eine republikanische Gemeinsamkeit. Du hast das in einem unserer Gespräche mit der Vorstellung von Marx vom Gesamtarbeiter verglichen.

NEGT Der Gesamtarbeiter ist in der Konzeption jener Zusammenhang der handelnden und denkenden Menschen, der in der Produktion vereinigten Menschen, durch den etwas Neues entsteht. Er zieht lebendige Arbeit aus vier verschiedenen Stufen zusammen und Marx zeigt das an Beispielen der Industrie, in denen die gefügeartige Kooperation eine zentrale Rolle spielt.

KLUGE Gefügeartige Arbeit bedeutet, dass eine Arbeitskraft auf die anderen Arbeitskräfte reagiert und sich auch die tote und lebendige Arbeitskraft, also die Maschinerie und die menschliche Kraft, verbinden. Es geht um Gleichgewichtsverhältnisse.

NEGT Nun muss das nicht mit körperlichem Kontakt verbunden sein, sondern ist eine Art Fernwirkung von Tätigkeiten, welche die Basis der menschlichen Gesellschaftsordnung ausmacht. Ohne dieses grundlegende Kooperationsprinzip ist keine Gesellschaft denkbar.

KLUGE Du hast eben von der Architektonik der Vernunft gesprochen. Kant entwickelt diesen Gedanken in seiner Einleitung zur »Transzendentalen Methodenlehre« in der *Kritik der reinen Vernunft*: Einst haben die Bauleute in Babylon sich verstritten über einen Turmbau. Er mag zu hoch gewesen sein, zu steil für unsere gewöhnliche Erfahrung. Darüber kam die Sprachverwirrung über sie. Trotzdem können wir nicht innehalten, fährt Kant fort, wir brauchen diese Bautätigkeit an dem Gebäude des Subjekts, der Öffentlichkeit, der Gesellschaft, des Gemeinwesens, der Verfassung. Auch des Gewissens, der Identität, des Charakters. Das ist kugelförmig und umfassend. Das Denken und die vernünftige Praxis bestehen aus Bautätigkeiten.

NEGT Wo diese Bautätigkeit verschwindet, partikularisiert oder fragmentiert wird, ist ein Gemeinwesen gefährdet. So ist bei Kant das Selbstdenken und das Denken in den

Perspektiven des Gemeinwesens unabdingbar die Substanz einer friedlichen Gesellschaft. Da die Menschen nicht friedlich sind, da sie gesellig sein wollen, aber gleichzeitig gerne mit Zwistigkeiten umgehen, ist es wichtig, dass die Rechtsordnung die vernünftigen Gleichgewichte unter ihnen erzwingt.

KLUGE Die Rechtsordnung, die auch von Menschen gemacht ist, die Kant nicht von Gott ableitet, nicht bloß vom Monarchen, sondern von der Anforderung der Würde des Menschen an sich selbst. Der Mensch ist der Gesetzgeber. Das meint er nicht demokratisch. Er meint es aber institutionell. Stellt sich Kant das Justizgebäude, die Gerichtshöfe und das Recht als eine Maschinerie vor?

NEGT Nein, als lebendige Arbeitskraft, die sich bewähren muss an Gegenständlichem, im Umgang also mit den Dingen, wie auch immer diese als widerspenstig auftreten. Und selbst wenn diese die abstraktesten Dimensionen enthalten, sobald sie sich auf das Gemeinwesen beziehen, sind es Tätigkeiten im Sinne eines Gemeinwesendenkens.

KLUGE Das Denken würde sich auch gegen den Willen der Subjekte durchsetzen. Eine Gesellschaft von Teufeln, sagt er, würde im Falle einer Republikgründung zu vernünftigen Patrioten werden können.

NEGT Soweit sie nur eben Vernunft haben. Das ist die Grundvoraussetzung.

KLUGE Wie würdest du dieses Wort »Vernunft« kommentieren? Bei Spinoza heißt die Fähigkeit des Menschen, zu seiner Identität zu gelangen noch »conatus«. Selbstbewusstsein, Identitätsgefühl; ich suche mich zu lieben und werde dadurch republikanisch. Ich bin ein guter Mensch, »weil ich mich schätze«.

NEGT Eine Vernunft besteht darin, dass die verfügbaren Kräfte sich aneinander so reiben, dass nicht die Vernichtung des anderen dabei herauskommt, sondern die Anerkennung des anderen. Man muss imstande sein, in den Horizonten des anderen zu denken. Es geht also darum, nicht nur seinen eigensinnigen Teil zu leisten gegenüber dem Gemeinwesen, sondern jenen Teil beizutragen, der Ausgewogenheit der Verhältnisse herstellt. Insofern – das habe ich in der Kantvorlesung entwickelt – ist Philosophie eine politische Kategorie von Anfang an. Seit den Vorsokratikern und seit Heraklit. Die Erfahrung davon, die Praxis des Denkens, hat deshalb immer auch etwas Rebellisches an sich. Die großen Denker bis hin zu Aristoteles sind Dissidenten. Wenn du fragst: Definition der Vernunft, dann ist Kritik das wesentliche Element. Kritik, Selbstkritik und wiederum Kritik.

KLUGE Auch Schlegel und Tieck sprechen von Kritik als einer *produktiven* Aktivität. Ich stelle das Gegenüber, das ich kritisiere, in der Kritik erst her. Ich entwickle den Gedanken des anderen und er entwickelt dann meinen. Dabei entsteht ein dritter Gedanke und daraus entwickelt sich wie beim Bau einer Ameisengesellschaft, aber viel lebendiger oder eben »menschlicher«, aus lauter Individuen und Rebellen ein neues Ganzes.

NEGT Vernunft immer verknüpft mit der Kommunikation. Und die hat das Ziel des kommunikativen Austauschs von Dingen und Fähigkeiten. Sie ist nie bloß konzentriert auf die Feststellung eines Zustandes oder eine bloße Welterklärung. Fremdheit ist etwas, das bearbeitungsfähig ist für die Vernunft.

KLUGE Wenn Menschen ihre Kräfte zusammenfügen, mehrere Rebellen sich verbünden und mit ihrem synthetischen Willen etwas Gemeinsames zustande bringen, entstehen neue gesellschaftliche Lebewesen.

NEGT In seiner Geschichtsphilosophie experimentiert Kant anthropologisch und sagt: Im Grunde ist der Mensch ein Lebewesen, das Krieg und Zwistigkeiten ins Spiel bringt. Aber er will gleichzeitig friedensfähig sein. Und schon gar nicht den Krieg, den er vor Augen hat. Das gilt für ihn bis zu den napoleonischen Kriegen. Er betrachtet solchen Krieg zwar, was die Realität betrifft, als unvermeidlich, aber nie als normativ. Er würde nie sagen, der Krieg entfaltet die menschlichen Fähigkeiten.

KLUGE Wir Menschen sind für etwas Besseres gut. Würden wir die Gleichgewichtsverhältnisse beachten, die zum Denken gehören, dann hätten wir Prozesse der Auseinandersetzung, aber keine Kriege. Dann hätten wir Diskussion.

NEGT Diese andere Gestalt der Auseinandersetzung besteht auch darin, dass wir in unseren Zusammenhängen viel mehr aufnehmen und verarbeiten können, als das in den pragmatischen Verhältnissen geschieht, der Mensch hat also ein brachliegendes Potenzial in sich. Er hat die Freiheitsfähigkeit, von Gott oder der Natur, mitbekommen. Die Natur bringt nichts Nutzloses hervor, so Kant. So soll der Mensch seine Freiheit auch benutzen.

KLUGE Ich komme zurück auf die Französische Revolution, der Kant zusieht. Und sie dauert bis zum Thermidor und in ihrem Nachklang bis zum Ende des napoleonischen Reiches 1815. Das alles ist eine kurze Zeit. Es sind wenige Jahre für eine Bewegung, in der sich das Menschengeschlecht verändern und sich eigene Gesetze geben soll. Du hast immer die Revolution als Produktionsprozess bezeichnet, für die Umproduktion der Gesellschaft. Dafür sind die historischen Revolutionszeiten zu kurz. Ich stelle mir einen Lehrer aus der Normandie vor, der kommt 1789 nach Paris und sagt: »Wo sind die Schulen für Revolution?« Er sagt, wir müssen solche Schulen errichten, Revolutionieren ist ein Beruf, mehr als jedes Handwerk braucht das Revolutionieren ausgebildete Fähigkeiten. Und im Wege der Erwachsenenbildung, der Éducation permanente, beginnt er,

Unterrichtsklassen zu etablieren. Er hat die siebte Klasse hinter sich gebracht. Und da ist der König wieder da. Man braucht eigentlich 800 Jahre für die Architektur, für das Gebäude einer selbstbestimmten revolutionären Republik. Und man hatte immer nur fünf Jahre oder weniger. Wie verlaufen Zeitmaße der Emanzipation?

NEGT Kant sagt, die Frage, ob die Menschen im Fortschritt ihres Denkens und ihrer Vernunft begriffen sind oder nicht, kann man für das einzelne Individuum und für Fraktionen dieser Individuen schwer bemessen. Allerdings kann es in geschichtlicher Dimension durchaus so sein, dass sie allmählich, auch unabhängig von ihren individuellen Absichten, quasi »in den Fortschritt geraten«. Kant sieht diesen Fortschritt in der Legalität, nicht in der Moralität. In der Legalität entwickelt sich der Fortschritt dadurch, dass viele Menschen anfangen, anders zu denken. Das erfordert gewiss andere Zeitdimensionen, als sie die Gegenrevolution zulässt. In dieser Frage der Gemeinwesensfähigkeit der Menschen wächst so etwas wie Fortschritt in langen Dimensionen der Zeitverhältnisse.

KLUGE Es gibt eine Schrift von ihm »Was heißt: sich im Denken orientieren?« Er weist darauf hin, dass es Horizonte gibt. Auf der einen Seite geht die Sonne auf, auf der anderen geht sie unter. Das ist der Anfang der Orientierung.

Wenn ich weiß, dass ich eine rechte und linke Hand habe, kann ich zu diesen beiden Grundrichtungen hin mich orientieren. Das sind einfache Unterscheidungen.

NEGT Selbst die Abstraktion im Denken reicht nicht aus. Damit Menschen sich orientieren, muss Erfahrung mit im Spiel sein. Orientierung ist kein bloß philosophisches Problem. Sie ist erfahrungsgesättigt.

KLUGE Hatte Kant unmittelbare Schüler, die bekannt geworden sind? So wie ein Prophet Jünger hat?

NEGT Seine Vorlesungen sind legendär gewesen Sie wurden besucht und waren bekannt. In seiner Wohnung hatte er manchmal 100 oder 150 Zuhörer gehabt. Von der philosophischen Zunft seiner Zeit ist er kontrovers wahrgenommen worden. Fichte spricht angeberisch davon, dass Kant ein Zweidrittel-Kopf sei. Es dauert lange, bis Hegel diese Blockierung der Rezeption des Kantischen Denkens in der Öffentlichkeit aufhebt.

KLUGE Im 20. Jahrhundert gibt es dann die süddeutschen Neukantianer und die Marburger Schule. Wie unterscheiden die sich?

NEGT Die Marburger gelten als eher positivistisch und sind an den Naturwissenschaften orientiert. Die Süddeutschen folgen einer »individualisierenden Methode« bei Lask, Rickert und Windelband. Es geht darum, die Allgemeinheit der Begriffe mit so viel Einzelheit,

Besonderheit und individueller Erfahrung wie möglich zu konstellieren. Also die kommentierenden Methoden des Denkens mit der Gedankenarchitektur von Immanuel Kant zu verknüpfen. Es geht um Werkstätten, die den Gedankenbau und die Fähigkeiten von Kant auf das 20. Jahrhundert übertragen. Das sind Fabriken des Denkens. Dabei entstehen auch Polarisierungen und neue »klotzige Begriffe«. Wieder andere Komponenten aus dem Denken von Kant greift Max Weber auf. Die Lebendigkeiten in diesen Fortführungen Immanuel Kants sind noch nicht erschöpfend dargestellt.

KLUGE In seiner Mentalität müsste man sagen, »das Bauzeug«, wie er es nennt, muss immer neu geprüft und verbessert werden.

NEGT Und dabei muss man sagen, dass der Bau nie hypertrophe Form annehmen darf.

KLUGE Nicht Turmbau, sondern einfache Wohnungen, die auf unsere Erfahrung passen. Und die können multipel sein, können Maulwurfstunnel bilden.

NEGT Kafka sagt, der Turm zu Babel hat auch die Funktion, dass die Menschen in Arbeit gehalten werden sollen. Nur deshalb wird er nicht fertig. Das ist natürlich eine schöne Deutung, das wäre aber von Kant aus gesehen unverständlich. Die Menschen müssen zwar arbeiten und sich betätigen, sie sind aber ihrer bürgerlichen Natur nach andere Lebewesen, als Kafka sie beschreibt. Sie sind von Natur aus zielgerichtet. Sie überprüfen ihre Überlebenschancen in der Geschichte. Aus dieser Haltung kommen die Bauwerkzeuge und die Pläne, die der Kantischen Philosophie zugrunde liegen.

KLUGE Die *Grundlegung zur Metaphysik der Sitten* eröffnet Kant mit dem Satz: »Es ist überall nichts in der Welt, ja überhaupt auch außer derselben zu denken möglich, was ohne Einschränkung für gut könnte gehalten werden, als allein ein guter Wille.«

NEGT Der gute Wille bedeutet, dass die Menschen sich fernhalten von Irrtümern, die selbstverschuldet sind. Der gute Wille wäre zum Beispiel für einen Menschen, der der Aufklärung zuneigt, der Wille, sich nicht dumm machen zu lassen.

KLUGE »Die fast unlösbare Aufgabe besteht darin, weder von der Macht der Anderen noch von der eigenen Ohnmacht sich dumm machen zu lassen«, sagt Adorno.

NEGT Also mündig werden, wäre so etwas wie eine Säuberung im Sinne der Weiterentwicklung von Möglichkeiten, die Welt besser zu gestalten. Mündigkeit heißt, Mut haben. Mündigkeit heißt, selbständig denken und handeln.

KLUGE Wenn wir beide uns vornehmen würden, jeden Morgen zwei Stunden lang, so wie die Brüder Grimm Märchen sammelten, *Irrtümer* aufzusammeln zum Zwecke, sie zu korrigieren.

Aus einem Irrtum zu lernen: Würden wir im Sinne Kants dann etwas Praktisches tun?

NEGT Ja, etwas Praktisches und Sinnvolles auch im Gemeinwesen.

KLUGE Denn ein Mensch, würde nicht beharren auf einem Irrtum, den er erkennen kann. Er beharrt auf dem Irrtum, wenn er ihn nicht sieht. Die genaue Kenntnis der Irrtümer wäre die umgedrehte Seite eines Arbeitsprozesses, der zu Richtigerem führt.

NEGT Guter Wille reicht nur aus, wenn er gekoppelt ist an die Gutwilligkeit Anderer, da der Mensch also ein auf Kommunikation angelegtes Lebewesen ist, das dabei auch streitsüchtig bleibt, gibt es Institutionen, Rechtsverhältnisse und den inneren Gerichtshof der Vernunft.

KLUGE Du nanntest Kant vorhin rebellisch. Würdest du sagen, er sei revolutionär?

NEGT Er ist klug genug zu wissen, dass er rebellisch nur in Grenzen sein kann, die ihm verdeutlichen, dass er in Preußen lebt. Allerdings gibt es auch Sympathisanten der Revolution. Sympathisant kann er auch von Königsberg her sein. Aber er fügt hinzu, dass das keine Aufforderung zur Revolution ist. Revolutionär zu sein, ist kein Beobachterstandpunkt. Man muss zur Praxis der Revolution selbst gehören, um Revolutionär zu sein. Man kann es nicht sein als Betrachter.

KLUGE Es gibt für mich einige irritierende Texte von Kant. Wenn ein Volk eine Insel verlässt, so Kant, muss es zuvor noch den letzten zum Tode verurteilten Verbrecher hinrichten, damit dessen Schuld nicht über das Volk kommt. Ist Kant hartherzig?

NEGT Hartherzig in dem Sinne, dass die Geltung des Gesetzes, die allerdings fundiert ist durch Autonomiefähigkeit der Menschen, unbedingt gilt. Kant hat die Skeptiker in gewisser Weise verachtet. Er hat sie die Nomaden des Geistes genannt.

KLUGE Die Skeptiker reiten nur am Horizont vorbei. Sie helfen keinem.

NEGT Ihnen fehlt der Block, an dem sie sich abarbeiten müssen. Das Transzendentale bezeichnet das, was unverrückbar ist. Das sind die Kategorien, das sind die Rechtsverhältnisse, die Orientierung bezieht sich also auf viele Dinge, die unveränderbar sind und das Ding an sich bezeichnen: dieses X in der *Kritik der reinen Vernunft*. Was ist das Ding an sich? Das Ding an sich ist etwas, was unveränderbar und unerkennbar ist, aber gleichzeitig unabdingbar notwendig, damit Orientierung stattfinden kann. Das Unbedingte der Kantischen Philosophie ist verknüpft mit den Fragestellungen: Was kann ich tun? Was kann ich wissen? Was kann ich hoffen? Das sind offene Dimensionen.

KLUGE Es gibt die Vorratshäuser des Pharaos, der in reichen Zeiten diese Vorratshäuser für die Not errichtet. Und so ähnlich müssten wir im Denken Vorratshäuser des zu bearbeitenden

Irrtums, von negativer Erfahrung also, die aber das Gegengift auch enthält für vergiftete Realität, aktiv errichten. Das wäre ein Baustein für einen »Tempel des Dings an sich«. Das Ding an sich als etwas, was offenkundig wie ein Grundstrom durch uns hindurchzieht. Kann man das so verstehen?

NEGT Kant bezeichnet es nicht zufällig mit dem Buchstaben X. Das steht in der *Kritik der reinen Vernunft*.

KLUGE Du hast mir in Frankfurt bei einer unserer Sitzungen folgenden Gedanken beigebracht: Marx spricht von den Hütten, in die nach der Französischen Revolution die Bauern, die französischen Bauern, wie Robinsone auf Inseln verbannt sind. Die Häuser sind zu klein, die Fenster sind zu eng. Der Acker ist zu schmal. Sie sind befreit, aber sind auch von der Lebensfähigkeit früherer Gesellschaften befreit. Das heißt, die Befreiung war zu oberflächlich. Und hat in die Isolation geführt und Marx entwickelt dann aus diesen Häusern und ihrer Isolierung die These, das ein Gespenst, ein Hochstapler wie Napoleon der Dritte, aus dieser Enttäuschung der Bauern in den Provinzen Frankreichs seine Volksabstimmungen gewinnt. Und schon vorher sind das die Einsamen in den Hütten, die Scheinbefreiten, die von ihrer Lebensfläche und den Herren gleichzeitig befreiten. Das ist eine falsche politische Architektur, sagt Marx, und daraus kann man jetzt die richtige ableiten. Man kann fragen, wie müssten Hütten und Äcker aussehen, die eine reiche Agrikultur und dann den »Bauern in mir« anders entwickeln. Und wie kann dieser Bauer in mir den Industriearbeiter und den Industrieintelligenzler, den Ingenieur, wiederum anleiten? Und so sind zugleich eine innere Republik in den Subjekten und eine äußere Republik der Arbeitskraft die ganze Zeit gemeinsam an der Arbeit. Und die beste Überprüfung der Werkzeuge und der Rohmaterialien ist die Frage: was muss zwingend erhofft werden, damit wir Würde haben? Das sind alles Kantsche Kategorien. Diese Werkzeuge müssen wir immer wieder nicht nur säubern, sondern neu anfertigen, vervielfältigen.

NEGT Schönes Schlusswort.

2

2

Über ein »vermeintes Recht« aus Menschenliebe zu lügen

und andere Geschichten

ÜBER EIN »VERMEINTES RECHT«, AUS MENSCHENLIEBE ZU LÜGEN

> »Es ist also ein heiliges, unbedingt gebietendes, durch keine Konvenienzen einzuschränkendes Vernunftsgebot: in allen Erklärungen wahrhaft (ehrlich) zu sein.«
> – Immanuel Kant, *Die Metaphysik der Sitten*

Im Jahr 1797 waren der europäischen Öffentlichkeit die Tribunale gegenwärtig, die während der Französischen Revolution so zahlreich Verhaftete zur Guillotine verurteilt hatten. Was galt eine Lüge, die Rettung brachte? Was ist von der Wahrhaftigkeit eines Anzeigeerstatters, eines Denunzianten zu halten? Will eine mordwillige Fraktion ihre Gegner mit dem Instrument der Justiz umbringen, ist dann die Rechtsordnung und damit die Wahrheitsordnung außer Kraft gesetzt?

Der politische Schriftsteller Benjamin Constant zitierte in dieser Phase der Zeitgeschichte einen DEUTSCHEN PHILOSOPHEN (gemeint war Immanuel Kant). Dieser Philosoph habe behauptet, es gebe ein Recht der Menschheit auf WAHRHEIT: Lüge sei generell unzulässig. So müsse, schreibt Benjamin Constant, nach Auffassung dieses Philosophen »ein Mörder, der bei den Gastwirten eines Hausfreundes nach dem zu Mordenden fahnde, wahrheitsgemäß von dessen Aufenthalt unterrichtet werden, auch wenn dies seinen Tod bedeute«.

Die gutmütige Lüge sei ein Akt der Omnipotenz, entgegnete Kant in öffentlicher Streitschrift. Sie setze voraus, dass der Lügner sämtliche Kausalketten und rechtlichen Folgen seiner Antwort im voraus wisse. Was sei von seiner Lüge an Gutmütigkeit noch übrig, nachdem er dem Mörder die Frage, ob der Angefeindete im Hause sei (wahrheitswidrig) mit Nein beantwortet, der Gast das Haus aber inzwischen verlassen habe, und so anschließend bei dem Mörder, der sich zur Weitersuche veranlasst gesehen habe, zum Opfer gefallen sei? Umgekehrt: Antworte er wahrheitsgemäß, der Angefeindete sei im Haus, der Verfolgte aber hätte das Haus inzwischen verlassen, so gehe die Suche des Mörders ins Leere, er werde Zeit verloren haben, scheitere in seinem Tatendurst, weil er durch die wahrheitsgemäße Aussage in die Irre geleitet wurde.[1]

1 Immanuel Kant, *Die Metaphysik der Sitten, Über ein vermeintes Recht,* Werke VIII, Frankfurt 1977, S. 639: »Hast du nämlich einen eben itzt mit Mordsucht Umgehenden durch eine Lüge an der Tat verhindert, so bist du für alle Folgen, die daraus entspringen möchten, auf rechtliche Art verantwortlich. Bist du aber strenge bei der Wahrheit geblieben, so kann dir die öffentliche Gerechtigkeit nichts anhaben; die unvorhergesehene Folge mag sein welche sie wolle. Es ist doch möglich, daß, nachdem du dem Mörder, auf die Frage, ob der von ihm Angefeindete zu Hause sei, ehrlicherweise mit Ja geantwortet hast, dieser doch unbemerkt ausgegangen ist, und so dem Mörder nicht in den Wurf gekommen, die Tat also nicht geschehen wäre; hast du aber gelogen, und gesagt, er sei nicht zu Hause, und er ist auch wirklich (obzwar dir unbewußt) ausgegangen, wo denn der Mörder ihm im Weggehen begegnete und seine Tat an ihm verübte: so kannst du mit Recht als Urheber des Todes desselben angeklagt werden. Denn hättest du die Wahrheit, so gut du sie

wußtest, gesagt: so wäre vielleicht der Mörder über dem Nachsuchen seines Feindes im Hause von herbeigelaufenen Nachbarn ergriffen, und die Tat verhindert worden.«

Der Philosoph beharrte auf dem Satz: »Es ist also ein heiliges, unbedingt gebietendes, durch keine Konvenienzen einzuschränkendes Vernunftsgebot: in allen Erklärungen WAHRHAFT (ehrlich) zu sein.«

– In einem Prozess von 1937 in der Sowjetunion die Wahrheit zu sagen, ist lebensgefährlich und für die Gerechtigkeit nutzlos, würden Sie das als Kantianer zugeben?
– Die Umstände leugne ich nicht, das Prinzip ist unaufgebbar. Man darf nicht lügen.
– Wenn Lügen unter Folter erpresst wurden? Wenn Unwahrheit zum Vehikel einer entstellten Anklage, der Verwirrung und damit zum Grund der Todesstrafe wird?
– Kants Satz gilt, oder er gilt nicht. Er ist nicht verhandlungsfähig.

Eine Gruppe von Verhandlungsführern des CIA hat das Verhör eines vermuteten Mitglieds von Al-Qaida aufgegeben, das Subjekt an einen befreundeten Geheimdienst überstellt, dem nach der Gesetzgebung seines Landes Folter zugestanden ist. Die Verhörtruppe belügt den Delinquenten, um die Folter zu mildern, hinsichtlich des Verrats von Gefährten. Ist solch gutmütige Lüge erlaubt? Für den Kantianer überhaupt nicht. Wie wollen

Sie wissen, was der Mann unter Folter verrät? Wie viele, deren Namen der gefolterte Mann oder der durch Lügen getäuschte Mann verrät, wollen Sie der Verfolgung preisgeben, seien sie unschuldig oder nicht?

– Muss die Telefonistin, die den Verschwörer des 20. Juli 1944, Oberbürgermeister a. D. Goerdeler, erkannt hat, auf die Frage, ob sie ihn kennt, mit Nein antworten? Andernfalls verurteilt sie ihn zum Tod?
– Als Kantianer sage ich nein, als deutscher Patriot würde ich sagen, ja.
– Im Schatten Hitlers gilt Kant nicht?
– Nein.
– Ist das im Sinne des Meisters?
– Nein. Kant kennt keinen Fall im Weltall, in dem seine Regeln nicht gelten. Insofern bin ich Kompromissler, wenn ich sage, dass unter den Umständen des 20. Juli der Ausschluss von Lüge nicht gilt.
– Ich bin im März 1945 in Ostpreußen vergewaltigt worden. Ich weiß, dass mein Mann mir das nicht verzeiht. Soll ich etwas Unmögliches von seiner Seele fordern, oder soll ich ihn belügen?
– Wenn dein Mann dich liebt, muss er damit fertig werden, andernfalls liebt er dich nicht.
– Anderer Fall: Sie haben einen Seitensprung gemacht, leichtsinnigerweise.
– Er aber liebt mich?

– Würden Sie aus solchem Zufall die gemeinsame Liebe erwürgen?
– Nein.
– Wovon ist diese Abweichung vom kantischen Prinzip abhängig? Wie begründen Sie das?
– Er will die Wahrheit nicht wissen.
– Und woher wissen Sie das?
– Aus dem Gefühl.[2]

2 Immanuel Kant, *Die Metaphysik der Sitten*, a. a. O., S. 638: »Die Lüge bedarf nicht des Zusatzes, daß sie einem anderen schaden müsse; [...] denn sie schadet jederzeit einem anderen, wenn gleich nicht einem anderen Menschen, doch der Menschheit überhaupt, indem sie die Rechtsquelle unbrauchbar macht.«

DER VORZUG DURCHSCHNITTLICHER GÜTE

Jenseits der Moskwa, rechter Hand, das Rossija, ein Hotel-Komplex, der demnächst abgerissen und durch ein neues Hotel ersetzt sein wird. Linker Hand der Kreml und dessen Gärten, mittig die Zugänge zum Roten Platz. Sicht auf die Brücke, auf der vor vielen Jahren das Sportflugzeug des jugendlichen Fliegers Rust einschwebte, das Dementi sowjetischer Verteidigungskraft.

Im obersten Stock des Hotels, von dessen Terrasse man auf dieses traditionell-lebhafte Bild der russischen Hauptstadt sah, tagte ein Immanuel-Kant-Kongress. Akademiker aus Russland, europäische Gäste im Gespräch. Vieles wird heute nicht mehr unter der Bezeichnung Marx, sondern Kant erörtert. Auf diese Weise setzen die klassischen Texte unter Umbenennung ihr Leben fort.

Das Wesentliche auf einem solchen Kongress sind nicht die Vorträge und Diskussionen im Plenum, sondern die Einzelgespräche, in denen der Erfahrungsaustausch tatsächlich stattfindet und die »Pflanzstätten und Baumschulen der Aufklärung« weiterhin ihre Produkte abwerfen.

In einem der Vorräume saß ein politischer Ökonom aus Chicago einem russischen Polarforscher gegenüber, der früher Lehrer für DIAMAT und Ergonom gewesen war (Arbeitszeitforscher). Die beiden zeitlosen Naturen mochten einander. Das Ausspinnen vertrauter Gedanken war ihnen, über Stunden hinweg, »unterhaltsam« wie ein Theaterabend.

– Was besagt, lieber Kollege, der rätselhafte Satz: Die moralische Befähigung von Menschen ist nicht steigerbar? Sie sei stets durchschnittlich?
– Die Gewissensanspannung, also die moralische Tätigkeit, beruht auf Arbeit. Jede Arbeit ist durchschnittlich pro Zeiteinheit.
– Bei Herakles? Bei den maßlosen Steigerungen der Arbeitskraft in Katastrophenfällen? Wenn es um Rettung geht?
– Die einzelne Arbeitskraft bleibt durchschnittlich. Sie können die Energien in der Zeit verrücken, z.B. intensivieren, aber im Durchschnitt der Zeit löst sich das wieder auf.
– Wir sprachen aber über die moralischen Fähigkeiten. Wieso durchschnittlich?
– Sie regulieren das Handeln von Einzelmenschen, gehen also über deren Handlungsmöglichkeiten nicht hinaus.
– Und der Anprall der Moralität anderer Menschen, die moralische Stimmung im Gemeinwesen, zählen die nicht?
– Moralische Erregung ist ansteckend, darin haben Sie recht. Die Durchschnitte regen einander an, so dass es so aussieht, als entstünde gemeinsam eine einheitliche Kraft. Das sieht wie eine Steigerung aus, ist es aber nicht.

– Die Wellen an Moralität, welche die Welt durchfluten, beruhen nicht auf moralischer Kraft?
– Auf Ansteckung.
– Moralische Anstrengung plus Willenskraft ergibt diese Infektion?
– Die Willenskraft verfälscht die moralische Arbeit, der Wille will steigern.
– Wieso »verfälscht«?
– Man kann nicht besser als gut sein.
– Und gütiger?
– Das ja. Aber nicht gütiger als gütig.

IST DIE MORALISCHE BEMÜHUNG STEIGERBAR?

– Sie sagten, Moralität sei nicht steigerbar?
– Auf keinen Fall.
– Wie wollen Sie dann das Menschengeschlecht verbessern? Reden wir überhaupt von der gleichen Sache?
– Das weiß ich nicht. Immanuel Kant geht jedenfalls davon aus, dass jeder Mensch eine durchschnittliche Kraft seines Erkenntnisvermögens einsetzt, um seine moralische Orientierung zu gewinnen. Übertreibt er seine Anstrengungen, entsteht ein Monstrum, untertreibt er, ergibt sich überhaupt nichts Moralisches. Es handelt sich um einen DURCHSCHNITTSWERT, so wie das AUGENMASS.
– Aber wenn einer kurzsichtig ist, vermag ihn eine Brille zu unterstützen. Ein Blinder kann vom Sehenden geführt werden.
– Immer nur mit Augenmaß, mit einer durchschnittlichen Bemühung.

– Sie meinen, dass Horst Ziegler aus Osnabrück eine Wiederkehr des »Alleszermalmers« Immanuel Kant sei?
– Ja, jetzt Stanford.
– Als Professor für Philosophie?
– Nein, als Getränkelieferant für die Kantine der Universität. Mit irgend etwas muss er seinen Unterhalt verdienen. Auch braucht er Druckkostenzuschüsse für sein Werk.
– Das beziffert sich auf 300 000 Seiten?
– Ungefähr. Er schreibt in Deutsch. Es muss übersetzt werden, dadurch verändert sich die Anzahl der Buchstaben. Der kleine Verlag in New York, der Zieglers Schriften in Form von Einzelheften von je 80 Seiten publiziert, braucht einen Druckkostenzuschuss.
– Ist Ziegler nicht erfolgreich?
– Er hat praktisch ein Monopol innerhalb des Universitätsgeländes.
– Wie kommt seine »Lehre« an?
– So gut wie gar nicht.
– Ist er verwandt oder verschwägert mit Immanuel Kant?
– In keiner Weise.

Es ist sehr selten, aber nicht unmöglich, dass eine Begabung innerhalb eines Familienverbandes wiederkehrt. Seltener geschieht das ganz ohne Abstammung. So hatte die Cousine von Kants

Mutter in fünfter Generation einen Enkel, der Kant außerordentlich ähnelte und in der Diskussion innerhalb der Arbeiterbewegung im Jahr 1905 das Prinzip der »Autonomie« bzw. der »Räteverfassung« in mehreren Traktaten formulierte. Er soll sich als »Vollstrecker« einer »kopernikanischen Wende des Denkens« geriert haben.

– Die »Wiederkehr« im Wege der genetischen Erbfolge ist bei der Überlieferung solcher Gedanken, auch wenn sie zufällig stattfindet, von begrenztem Erfolg?
– Erfolgreicher ist die nicht-kausale Verknüpfung. Dass sich ein wildfremder Anderer der gleichen Gedanken bemächtigt.
– Und das gibt es?
– Der Erfolg zeigt es.

Horst Zieglers Vision beruhte auf der Grundempfindung der »Selbstorganisation«, die seiner Auffassung nach die Welt längst ergriffen hatte. Sie ist in der Lebensreserve des Blauen Planeten angelegt. Man könne das Innere der Menschen nach außen kehren und würde in dem, was Menschen in sich tragen, sogleich das Prinzip der Selbstorganisation entdecken; in dieser Hinsicht seien alle Menschen miteinander verwandt.
Ob man nur in sich hineinhorchen müsse, um das bestätigt zu finden, wurde er von indischer Seite befragt. Nein, man müsse »arbeiten«, sozusagen »graben« und das Gegrabene »vereinigen«.

Ein kolossales System. Nur Fragmente davon wurden von Ziegler, ehe er starb, zu Papier gebracht. Deshalb löst sich dieses Werk auch wieder aus dem Systematischen. Zieglers Schriften sind bezeichnet als »Annotate«, »Hinweise«, »Tracts«.

Menschen, so hofft Ziegler, rotieren in ihrer Not. Sie tun dies mit ihrer Vorstellungskraft. Dies bewegt sich um die Gewalten, die sie fürchten (»das Erhabene«) – quid credis, quid agis, quid speras: all dies bestimmt durch etwas, auf das einzelne Menschen, auch Könige, keinen direkten Einfluss haben. So dass, fährt Ziegler fort, die Ablösung von Gott möglich ist, sofern eine andere Außenlenkung wie die Börse oder der Führer an die Stelle tritt. Notwendig aber bleibt, dass Menschen selber »Produzenten ihres Lebens« sind.

WOZU IST DENKEN GUT IN DER UMBRUCHZEIT?

Horst Böhlitz, ein philosophisch-kantianischer Querkopf aus Braunschweig, der sich in den Kopf gesetzt hatte, im Spätsommer, schon beginnendem Herbst 1990, die im Zerfall befindliche Deutsche Demokratische Republik zu besuchen, um mit eigenen Augen den Vollzug einer neuen Republikbildung zu verfolgen, hatte sich in einem HO-Gasthof in der Uckermark einquartiert. Eine Republikgründung ist die Stunde der Philosophie, der »Wissenschaftsfreundschaft«. Auch dachte er, die historischen Tage zu kartographieren, wenigstens in der Form von Notizen.

Unter Buchen der Uckermark ging er gedankenvoll dahin.

Während er hier also sein Denken mit der Zeitgeschichte äquilibrierte, nahmen anderswo vor allem in den industriellen Teilen der verschlissenen Republik, ökonomische Abgesandte des Westens und Tatmenschen Firmen auseinander, zergliederten sie, sortierten Betriebsstätten in »wirklich« und »unwirklich«, rissen werthaltige Einzelstücke aus Betrieben heraus und eigneten sie sich in der Form von offenen Handelsgesellschaften, GmbHs oder auch als Einzelbesitz an. Das war Handeln und nicht Denken.

In einem der Betriebe im chemiegeschwärzten Sektor von Buna bei Halle waren die Vorarbeiter und Ingenieure in den Jahrzehnten zuvor in

187 Reparaturfällen glücklich gewesen, die Produktion wieder in Gang zu setzen. Jetzt brach durch DISRUPTION der organisatorisch-ökonomische Grund und Boden, auf dem diese Industrie siedelte, in sich zusammen. Ähnlich wie sich bei Erdbeben ein Abgrund öffnet und ein Stück Oberwelt verschlingt, entstanden bilanziell-rechnerische Trichter (auf dem hochorganisierten Boden der zweiten, auf Abrechnung beruhenden Natur): In Tresoren, Verzeichnissen und Bilanzen. Dieser Boden war nicht in der Redeweise von Grundbüchern, sondern in der Rechnungsart der sozialistischen Ökonomie, in einer für die Umgangssprache oder für die Sprache westlicher Märkte fremdartig artikulierten Ausdrucksweise niedergelegt. Transkription und Übersetzung solcher Maßverhältnisse in die Kategorien der Westökonomie ergaben eine umfassende, fast sämtliche Betriebe der DDR betreffende Insolvenz. Planzahlen, ökonomische Fiktionen, aus internen Berechnungsverhältnissen der sozialistischen Ökonomie resultierend, ergaben auf dem Papier entsetzliche Verschuldungen der dezentralen Betriebe bei der Zentrale, als deren Erbe sich Ministerien der Bundesrepublik erklärten. Keine Anwälte, keine Helfer bei der Transkription ökonomischer Texte auf Seiten der dialektisch-demokratischen Institutionen. Als habe es die Betriebe als Qualität nie gegeben.

»DIE WISSENSCHAFT KANN NUR IN DER REPUBLIK DER ARBEIT IHRE WAHRE ROLLE SPIELEN«
– *Marx Engels Werke*, Band 17, Seite 554

Im Herbst 1966. In Frankfurt am Main in der Zeit der studentischen Protestbewegung an der dortigen Universität. Es ist der Moment, in dem im Sozialistischen Deutschen Studentenbund die Auflösung dieser Organisation und damit das Ende der ersten Periode der Rebellion debattiert wird. Oskar Negts Stimme hallt in der späten Nachmittagsstunde aus dem Hörsaal ins Treppenhaus und zur Vorhalle des Universitäts-Hauptgebäudes, deutlich die Konsonanten ineinanderreibend. Die Perioden der langen Sätze geduldig betonend, so wie dick angestrichene Stellen in einem vielbenutzten Buch.

Es geht in jener Woche, die hier beschrieben wird, um das Thema der POLITISCHEN ÖKONOMIE DER ARBEITSKRAFT. Diese Ökonomie bildet den Gegenpol zur POLITISCHEN ÖKONOMIE DES KAPITALS. Zum Kapital hat Marx ein Buch in drei Teilen publiziert. Er setzt hierbei die politische Ökonomie der Arbeitskraft begrifflich voraus, hat aber hierzu kein Buch geschrieben. Deshalb gilt es jetzt, in der Krise des studentischen Protests – überall auf dem Universitätsgelände die Büchertische –, diese Lücke auszufüllen. Es geht darum, ein Stück GEHEIMGESCHICHTE DES MARXISMUS (Karl Korsch, Wilhelm Reich,

Franz Neumann, die »holländische Schule«) aufzuarbeiten, um zu den einfachsten Bestimmungen der Arbeitskraft und des Kerns der »menschlichen Wesenskräfte« vorzudringen. Die ABSTRAKTE ARBEIT ist eine Ideologie. In *Marx Engels Werke*, Band 16, Seite 11 heißt es:

»Wir sprechen von der Kooperativbewegung, namentlich den Kooperativfabriken, diesem Werk weniger kühner ›Hände‹ (hands). Der Wert dieser großen Experimente kann nicht überschätzt werden. Durch die Tat, statt durch Argumente, bewiesen sie, dass Produktion auf großer Stufenleiter und im Einklang mit dem Fortschritt moderner Wissenschaft vorgehen kann, ohne die Existenz einer Klasse von Meistern (masters), die eine Klasse von ›Händen‹« anwendet, dass um Früchte zu tragen, die Mittel der Arbeit nicht monopolisiert zu werden brauchen als Mittel der Herrschaft über Mittel der Ausbeutung gegen Arbeiter selbst, und dass die Sklavenarbeit, wie Leibeigenarbeit so Lohnarbeit nur eine vorübergehende und untergeordnete gesellschaftliche Form ist, bestimmt zu verschwinden vor der assoziierten Arbeit, die ihr Werk mit williger Hand, rüstigem Geist, und fröhlichem Herzen verrichtet. In England wurde der Samen des Kooperativsystems von Robert Owen ausgestreut; die auf dem Kontinent vermehrten Arbeiterexperimente waren in der Tat der nächste praktische Ausgang der Theorien, die 1848 nicht erfunden, wohl aber laut proklamiert wurden.«

In der Vornacht. Auf dem Schornstein des Fernheizwerks der Universität, wird um 3:20 Uhr eine rote Fahne gehisst. Eine Riesenfahne, zusammengenäht aus den roten Teilen von sechs Bundesflaggen (die Schwarz- und Goldteile herausgetrennt). »Näht Rot an Rot, schmeißt alles andere weg.« Ungeklärt, wer den Schornstein hinaufstieg. Es sollen drei Männer und drei Frauen gewesen sein. Sie bestiegen das Riff. Die Fahne hängt acht Stunden, wird dann von Bauarbeitern abmontiert.

Vor der Glastür zum Rektorat steht aus Findlingsstein ein Steinkopf auf Sockel, der angeblich »Horkheimer nachdenkend« darstellt, oder aber einen Philosophen im allgemeinen, der nach oben schaut. Alles dies hergestellt in Unkenntnis der Arbeitsweise der Kritischen Theorie. Es sind 2% des Bauvolumens 1967 der Universität, für »Kunst am Bau« zweckgebunden, verausgabt worden.

F. Kramer (Vorgänger des Universitäts-Baudirektors) hätte die Kritische Theorie, sagt er, eher durch eine Hexe oder nackte Frau, und zwar in einer die guten Sitten grob verletzenden Weise, darstellen lassen, niemals aber in Stein.

ПРОЕКТ ПАМЯТНИК-БИБЛИОТЕКА ИММАНУИЛ КАНТ
PROJECT • DENKMAL – BIBLIOTHEK • • EMMANUEL KANT IN KÖNIGSBERG
EMMANUEL·KANT

Dirac notation and Hilbert spaces
$\int_{-\infty}^{+\infty} |\psi(q)|^2 \, dq$

3

»Sich im Denken orientieren«

Gespräche zwischen Oskar Negt
und Alexander Kluge

Was ist Erkenntnis? /

Was heißt bei Immanuel Kant die
DIKTATUR EINER EINZELNEN GEMÜTSKRAFT? /

Was hält er von der Liebe? /

Was denkt er über den Geisterseher
Swedenborg? /

Was nennt er »SCHWÄRMEN«? –

IMMANUEL KANT ÜBER DAS SINNLICH-ÜBERSINNLICHE

NEGT In letzter Instanz ist alles sinnlich vermittelt, selbst diejenigen Dinge, die nicht aus der Sinnlichkeit stammen. Die Kategorien und Erkenntnisse, die zwei Stämme haben, gehen am Ende zurück auf eine sinnliche Komponente.

KLUGE Es gibt die Fähigkeit, den Verstand zu gebrauchen und Begriffe zu bilden. Hier ist die Grenze einer Sache, eines Stoffes, eines Gedankens, darüber hinaus kann ich nichts wissen. Und die taktile Berührung, die Erfahrung, sind die beiden Kerndinge, die das Denken vom Schwärmen unterscheiden. Was nennt Kant Schwärmen?

NEGT Schwärmen bedeutet, sich im Übersinnlichen zu bewegen und zu spekulieren, ohne eine Wurzel in der sinnlichen Erfahrung zu haben. Das Schwärmerische ist auch ein Teil einer Vernunftspekulation und für den Menschen eine Art Bedürfnis zu träumen, zu phantasieren, im Überschwänglichen sich zu bewegen.

KLUGE Es enthält einen Omnipotenz-Wunsch, ein Gefühl, dass der Mensch allmächtig ist. Er kann aber, wie Kant sich in dem Text »Was heißt: sich im Denken orientieren?« ausdrückt, in dem mit »dicker Nacht erfüllten Raume des Übersinnlichen« nichts verrichten.

NEGT Es ist eine Anmaßung der Vernunft, sich im Übersinnlichen zu bewegen.

KLUGE Aussagen über Gott und den Teufel stellen eine Bewegung ins Übersinnliche dar, können von Menschen nicht getroffen werden.

NEGT In diesem Übersinnlichen ist es möglich, sich auf Postulate, auf Forderungen zu stützen. Die Vernunft hat das Bedürfnis nach einer Vorstellung von Gott, auch einer Vorstellung von Unsterblichkeit und Unendlichkeit. Diese Dinge klammert Kant aus seinem Begriffs- und Orientierungssystem nicht aus, aber er sagt: Das sind keine Erkenntnisse, das sind Bedürfnisse. Das Bedürfnis nach Gott, sagt er, ist kein Beweis seiner Existenz.

KLUGE Kant spricht von einem Vernunftglauben. Und Glaube ist etwas, das man nicht verkauft, weder in der Disputation, weder gegen Argumente noch gegen Geld.

NEGT Die Glaubensgewissheiten haben einen anderen Status, das sind nicht Erkenntnisse, sondern subjektive Gewissheiten.

KLUGE Es sind Bedürfnisse, ohne die ich nicht leben kann oder will.

Grenzen & Vermögen der Vernunft

NEGT Die Grenzen und das Vermögen der Vernunft sind das Thema. Die Orientierungsgewissheit bei diesen Glaubensgewissheiten besteht darin, dass ich am Ende doch mit meiner eigenen Vernunft redlich umgehe. Es geht um das Redlichkeitsgebot, um die Frage, ob das, was sich in diesen Bereichen der Schwärmereien bewegt, vor der Vernunft zu rechtfertigen ist, wenn ich das Vermögen der Vernunft nicht aufgebe.

KLUGE Es gibt ein Bedürfnis nach Vernunft, das in den Menschen wohnt. Dass sie sich auf ihren eigenen Geist verlassen können, also Dinge für überprüfbar halten nach ihren Überlegungen und ihrer Erfahrung, werden sich Menschen nicht ausreden lassen.

NEGT Jeder Mensch geht mit den verschiedenen Gemütskräften, mit dem Begehrungsvermögen, mit dem Erkenntnisvermögen, so redlich um, sagt Kant, dass sie nicht miteinander vermischt werden.

KLUGE Der Bürgerkrieg der Gefühle wird durch ein Gleichgewicht aufgehoben, das Spontaneität ermöglicht.

NEGT Jedenfalls sind die Kräfte so ausgewogen, dass sie am Ende in der ästhetischen Urteilskraft eine Art harmonische Ausgewogenheit zeigen. Das ist eine Art lustvolles Spiel der einzelnen Gemütskräfte. Wenn eine Gemütskraft nicht hypertroph wird, also wuchert, wie in der Schwärmerei, gibt es diese Ausgleichswege.

KLUGE Das ist das Konzert der verschiedenen Gemütskräfte, ein reiches Innenleben der Menschen. Das ist notwendig, damit die sich politisch und sittlich verhalten.

NEGT Es gibt nicht nur Erkenntnis, nicht nur das moralische Gesetz. Wenn eine dieser Gemütskräfte über die anderen die Herrschaft erstrebt, findet eine Störung des Kräftespiels statt. Deshalb sind die Grenzsetzungen so wichtig bei Kant. Er spricht von einem friedensfähigen Gemeinwesen. Die *Kritik der reinen Vernunft* hat die Funktion, ein friedensfähiges Gemeinwesen herzustellen, also jede Form des Dogmatismus aufzuheben oder unmöglich zu machen.

KLUGE In dieser Weise ist jeder Mensch ein Erdenbürger, alle Menschen sind miteinander in einer großen Republik verbunden, das ist die eine Idee. Die zweite Idee ist, dass meine Gemütskräfte, mein Blut, meine Adern, meine Augen Bürger meines Innenlebens sind. Er legt großen Wert darauf, mit denen zu verhandeln. Die müssen Frieden halten, sonst werde ich krank. Das ist die Wurzel des Vernunftglaubens. Im Roman *Manon Lescaut* von Abbé Prévost wird eine junge Frau beschrieben, die nur an die Liebe glaubt; sie verhält sich nach einem Kantischen Gesetz. Sie lebt autonom, aber der Inhalt dieses Gesetzes ist die Frage: Was gibt die Liebe ein? Das ist nicht sozial, nicht politisch, aber es hat den Wahrhaftigkeitsgrad, dass ich nichts tue ohne meine Liebe. Wie ist das aufzufassen? Das ist eine Verbrecherin, die verbannt wird in eine französische Kolonie, in der Wüste einsam stirbt mit ihrem Geliebten, unzertrennlich ist, aber sie ist in einer Republik der Liebe die Vorsitzende.

NEGT Da würde Kant sagen, das ist eine Vereinseitigung von einer Gemütskraft, welche die Gesetzgebung über alle anderen Gemütskräfte übernimmt.

KLUGE Das ist die Diktatur einer Gemütskraft.

NEGT Die strukturiert den Lebenszusammenhang nach *einem* Gesichtspunkt. Das hat etwas Dogmatisches und Zerstörerisches an sich. Hegel würde sagen, dass solch eine Isolierung einer einzelnen Kraft wirklichkeitszerstörend ist. Eine einzelne Gesetzgebung ist nicht vergemeinschaftungsfähig nach Kant und Hegel.

KLUGE »Ich halte mich wie das Glück auf seinem Balle, / Doch werd ich wackelig, wenn ich lange steh. / Stelle mich nicht zu hoch, mein Freund. Ich falle / Sonst herunter, und *Du* tust *Dir* weh.« Das ist die letzte Strophe aus Rudolf Borchardts »Manon«, dem Lieblingsgedicht von Adorno.

NEGT Es spielt in dem Text von Kant auch eine Rolle, dass die Fähigkeit entwickelt werden muss, auch durch Bildung, mit den Gedanken des anderen zu denken. Der Gedanke richtet sich bei Kant auf die Vergesellschaftungsmöglichkeit der Menschen, deshalb ist der Vernunftglaube gleichsam ein Reservat. Aber wenn der Vernunftglaube zu einer Gesetzgebungsform wird und alle anderen Bereiche dominiert, die Erkenntnis und die Moral, wird es zerstörerisch.

Der Vernunftglaube darf nicht Diktator werden!

NEGT Der Vernunftglaube ist ein Reservatglaube. Kant toleriert den Vernunftglauben als eine Orientierungsmöglichkeit innerhalb des bloßen Denkens. Aber er ist nicht Erkenntnis, nicht Moral und auch nicht ästhetische Urteilskraft.

KLUGE Auf der anderen Seite gibt es Forscher, die sich mit dem Übersinnlichen beschäftigen. Swedenborg, der schwedische Geisterseher, war berühmter als Kant in der Zeit. Er hat Kenntnisse von dem in »dicker Nacht erfüllten Raume des Übersinnlichen«.

NEGT Kant sagt: Das mag auf Selbsterfahrung, Erleuchtung und Begegnungen mit diesen Geistern beruhen, ist aber keine Erkenntnis. Wenn es Erkenntnis wäre, müsste es für andere auch nachprüfbar sein. Was den Bereich der Phantasie betrifft, der Einbildungskraft, ist Swedenborg ein Großmeister, sagt Kant, und er akzeptiert auch systematisch die Bedeutung der Einbildungskraft. Das einzige Problem bei Swedenborg ist, dass er behauptet, das sei Erkenntnis.

KLUGE Er könnte es Poetik nennen, Unterhaltung. Das ist auch die Zeit des *Sturm und Drangs*, einer Blüte von Genies. Der Mensch kann über seine normalen Fähigkeiten hinausschießen. Napoleon ist in Wartestellung. Auf geistigem, auf theoretischem Gebiet, gibt es charismatische Geister, die eine hohe Anziehungskraft haben. Eine blitzende Idee ist herrlich. Da sagt Kant: »Zuerst gefällt sich das Genie sehr in seinem kühnen Schwunge«. Dieser Satz wird anschließend für Schwärmerei erklärt. Da ist Kant für eine durchschnittliche Aneinanderfügung von Gedanken. Er ist nicht für Brillanz.

NEGT Aber er hat einen klaren Geniebegriff. Die ästhetische Urteilskraft hat etwas mit einem Geniebegriff zu tun, aber das Genie ist für ihn nicht etwas demonstrativ Subjektives, sondern im Genie äußert sich die Natur selbst, sagt er.

KLUGE Auch das Genie denkt durchschnittlich, nur konzentriert es seine Aufmerksamkeit.

Ein SPD-Parteitag.
Oskar Negt und Alexander Kluge,
die den Parteitag besuchten,
konzentrieren sich dort auf
ein Gespräch über Kant.

Oskar Negt,
Kritische Theorie

WAS HEISST METAPHYSIK DER SITTEN?

[Im Hintergrund ein Fenster / hinter dem Fenster ist der SPD-Sonderparteitag der Sozialdemokratischen Partei zu sehen, der im November 1998 im Anschluss an den Wahlsieg stattfand und den Kanzlerkandidaten bestimmte / Zeitraffung / Im Vordergrund Oskar Negt:]

NEGT Die *Grundlegung zur Metaphysik der Sitten* ist ein relativ abstraktes Werk, aber in der *Metaphysik der Sitten* lässt Immanuel Kant sich auf einzelne Fälle ein.

KLUGE Was heißt »Metaphysik der Sitten«?

NEGT Hier werden die Gründe sittlicher Verhältnisse erörtert, was also über die bloße Anschauung der Sitten hinausgeht, was den Erfahrungshorizont sittlicher Verhältnisse überschreitet.

KLUGE Sittliche Verhältnisse meint moralische Verhältnisse, also nicht die Sitten, nicht die Volkstänze?

NEGT Kant bezieht aber auch Volkstänze mit ein, die Grundlagen dessen, was die Naturvölker machen, was mit Geld zusammenhängt, was mit den Dingen des alltäglichen Umgangs passiert. Deshalb nennt er das »Metaphysik der Sitten« und nicht einfach »Analyse der Sitten«.

KLUGE Was bedeutet Metaphysik?

NEGT Ursprünglich kommt das Wort aus der Reihenfolge der Schriften von Aristoteles. Andronikos von Rhodos hat sie sortiert und hat die Schriften, die sich mit Erkenntnistheorie, mit Logik, mit den letzten Gründen und Ursachen der Dinge beschäftigen, hinter die Physik gesetzt; griechisch heißt das *metà tà physiká*. Daraus ist Metaphysik geworden.

KLUGE Das sind die Bände, die nach den Naturwissenschaften kommen?

NEGT Zunächst. Daraus ist aber in der Entwicklung das geworden, was über das Physische, Physikalische hinausgeht. Metaphysik gilt seitdem als Grundwissenschaft, in der alle philosophischen Disziplinen wurzeln, so die Lehre vom Seienden (Ontologie), vom Wesen der Welt (Kosmologie), vom Wesen des Menschen (Anthropologie).

KLUGE Das wendet Kant jetzt auf die Sitten an, wobei sie in seinem Sprachgebrauch die moralische Konstitution umfassen und wie man mit Messer und Gabel isst.

NEGT Das ist ein bisschen überspitzt, aber richtig.[1]

1 Kant spricht zwar von der »Metaphysik der Sitten«, aber die zwei Hauptteile haben vorsichtige Titel: »Metaphysische Anfangsgründe der Rechtslehre« und »Metaphysische Anfangsgründe der Tugendlehre«. In beiden Fällen geht es also um die Grundprinzipien. Essen und Trinken, Sitten der Menschen und der Völker handelt er ausführlich in seiner »Anthropologie« ab.

KLUGE Die gesellschaftlichen Einrichtungen, würden wir sagen.

NEGT Es geht um die empirische Seite. Bei Kant gibt es einen strikten Dualismus zwischen intelligiblem Charakter und empirischem Charakter, Ding an sich und Welt der Erscheinungen; intelligibler Charakter meint das, was durch Sinnenwahrnehmung nicht feststellbar ist, das Innere, die Würde, die Integrität des Menschen, das Gewissen, das sind nicht anschaubare Dinge, die aber gleichwohl das Fundament alles Anschaubaren bilden; so wie er auch unterscheidet zwischen *Noumena* und *Phaenomena*. *Noumena* sind die Wesensgehalte der Dinge, die das, was wir sehen, konstituieren, wodurch die mannigfaltige Erscheinungswelt sich zusammensetzt zu wahrnehmbaren Dingen. In der *Metaphysik der Sitten* handelt er beide Seiten ab, aber vor allem die empirische Seite ist durch Beispiele stark vertreten, anhand derer er zu erläutern versucht, was sittliche Verhältnisse sind. So wird beispielsweise das Gewissen als »innerer Gerichtshof« in der *Metaphysik der Sitten* analysiert.

KLUGE Da gibt es auch ein Kapitel über Geld. Was sagt er da?

NEGT Kant erläutert Geld – ähnlich wie Marx – als Ausdruck menschlichen Fleißes. Marx würde sagen: Die lebendige Arbeitskraft konstituiert die Grundlage der möglichen Tauschbarkeit der Dinge.

KLUGE In dieser Uhr stecken sechs Stunden Zeit, Arbeitszeit, Lebenszeit eines hochqualifizierten Fachmannes und noch die seiner Vorfahren, die es ihn gelehrt haben. Deswegen ist diese Uhr mehr wert als die Ramschuhr, die nur vier Stunden Arbeitszeit gekostet hat. So würden Marx und auch die anderen klassischen Ökonomen denken.

NEGT Interessanterweise sagt Kant, dass das Geld in sich keinen Wert hat; man kann es nicht essen, man kann, außer im Tausch, nichts damit anfangen; es hat einen hohen Wert als universelles Tauschmittel, aber einen niedrigen Wert als Gebrauchsgegenstand. Selbst wenn man Gold und Silber nimmt, so sind die Gebrauchswerteigenschaften dieser Metalle begrenzt. Man kann Schmuck daraus machen, man kann sie einsetzen, wenn man zum Beispiel rostfreie Verhältnisse benötigt, für Zahnplomben zum Beispiel, aber das ist begrenzt.

KLUGE Gold hält sich über 2 000 Jahre gut; das wäre ein Aufbewahrungswert, aber das könnten Hölzer oder Eisenstangen auch.

NEGT Kant sagt: »Hierauf läßt sich vorläufig eine Realdefinition des Geldes gründen: es ist das allgemeine Mittel, den Fleiß der Menschen gegen einander zu verkehren.« Damit meint er, gegeneinander auszutauschen; die *Erzeugnisse* des Fleißes gegeneinander auszutauschen ist eine Variante dieses Gedankens.

KLUGE Er stellt sich vor, dass alle Österreicher, alle Franzosen, alle Preußen, alle Engländer miteinander in Form ihres Fleißes kämpfen und dadurch ihre Währungen zueinander bewegen.

NEGT Kant nimmt den lateinischen Ursprungsbegriff *industrius* (fleißig, beharrlich, regsam) wörtlich, und das ist nichts anderes als das, was Marx mit lebendiger Arbeit bezeichnet.

KLUGE Die Philosophie von Kant ist das Projekt einer Erziehung des Menschengeschlechts durch Philosophie.

NEGT Die Kantische Philosophie nimmt sich vor, die Irrtümer der Menschen zu verringern; das formuliert er als Zweck seiner *Kritik der reinen Vernunft* – mehr, als positive Erkenntnisse zu bieten. Er spricht davon, das Gemeinwesen im Denken herzustellen, das einen Bürgerkrieg im Denken verhindert. Bürgerkrieg im Denken und Bürgerkrieg in der Wirklichkeit haben immer etwas zu tun mit dem Dogmatismus von Glaubensgewissheiten; Dogmatismus und Glaubensgewissheiten zerstören Toleranz und damit einen gesellschaftlichen Friedenszustand der Menschen. Insofern ist bei Kant der Erziehungsaspekt, der Aufklärungsaspekt immer mit einbezogen, aber weniger im Sinne einer Erziehung des Menschengeschlechts wie bei Schiller oder auch bei Lessing. Kant ist da viel skeptischer als beide, für Kant wäre es undenkbar, einen ästhetischen Zustand anzunehmen, wo Stoff und Form sich versöhnen; Formtrieb und Sinnentrieb muss man genauer sagen. Die Sinnlichkeit und der Verstand lassen sich nie versöhnen. Kant sagt, das muss geregelt werden, nicht zuletzt auch durch eine Sanktionsgewalt.

KLUGE Da gibt es einen Universitätsprofessor in Königsberg, der schreibt an Privatmenschen, die Bücher lesen, an die Teilnehmer einer Gelehrtenrepublik. Er schreibt an sie nicht in ihrer Stellung als Beamte, als Könige, als Unternehmer, sondern er schreibt an sie als Menschen, die privat das Interesse haben, sich zu vervollkommnen, aus dem Irrtum herauszugehen, sich persönlich aufzuklären – so als ob es eine zweite Produktion in der Gesellschaft gäbe, nämlich die Produktion von sich selbst.

NEGT Das gibt es auch; die Produktion von sich selbst im Sinne des Heraustretens aus Unmündigkeit ist der Bildungsbegriff. Die Forderung Kants, Mut zu haben, aus der Unmündigkeit herauszutreten, sich mutig seines Verstandes zu bedienen, ist eine Aufforderung an einen zweiten Produktionsprozess im Menschen, und der ist auf Selbstbildung gerichtet.

KLUGE Als Soldat, als Staatsbürger musst du gehorchen, als Unternehmer musst du sogar Marktgesetzen, Konkurrenzen, der Ökonomie gehorchen. Gleichzeitig bist du ein Mensch und Teilnehmer einer allgemeinen Menschheit. Als solcher hast du die Chance zur

Emanzipation, und das wird Rückwirkungen haben.

NEGT Der öffentliche Gebrauch der Vernunft steht jedem Menschen zu. Du hast nicht das Recht, als Soldat den Umkreis der Regeln zu überschreiten, die mit deinem Beruf verknüpft sind, aber daneben bist du Citoyen, Bürger eines Gemeinwesens, das viel weiter gefasst ist.

KLUGE Wenn du dir vorstellst, 500 Jahre Entwicklung nach solchen Prozessen, würde das einen Menschen ändern?

NEGT Das weiß ich nicht. Aber es ist kein Zufall, dass ich immer wieder auf diese Texte zurückgehe. Wenn ich in öffentlichen Vorträgen einen Text von Kant zitiere, stoße ich bei fast allen Menschen auf allergrößtes Interesse. Daraus leite ich eine gewisse Aktualität seiner Fragestellungen ab, vor allem weil sie an der Freiheitsfähigkeit der Menschen festhalten. Kant sagt nicht: der Mensch *ist* frei, er beharrt nur darauf, dass er freiheitsfähig sei; und da die Natur offenbar nichts umsonst schafft, sagt er, *soll* er auch frei sein und soll sich moralisch verhalten. Dieses Pathos des Sollens spricht heute viele Menschen an.

KLUGE Wenn Kant heute nach Kaliningrad, nach Königsberg, zurückkäme, als Geisterseher, wie würde er sich selbst begegnen?

NEGT Ich glaube, es würde ihn freuen, dass sein Grab wahrscheinlich das einzige in Königsberg ist, auf dem immer frische Blumen liegen.

KLUGE Und wer legt die da hin?

NEGT Bürger. Russische Bürger. Viele Menschen, jüngere vor allen, die allmählich begriffen haben, dass ihre eigene Identität in dieser Stadt abhängt vom Bewusstsein dessen, was sie einmal gewesen ist. Nicht die Russen haben diese Stadt zerstört, sondern sie ist durch zwei englische Bombenangriffe fast völlig zerstört worden. Kaliningrad ist eine neue Stadt; es hat wenig Sinn, von Königsberg zu reden, es ist nicht das alte Königsberg, aber die Verehrung von Hamann und Kant, vor allem von Kant, ist gerade bei den jüngeren Russen in den vergangenen Jahren ständig gewachsen. Sie kämpfen um eine Vermittlung zwischen Russland und Deutschland und sind sich bewusst, dass für sie darin auch eine kulturelle Chance liegt. Kant spielt dabei eine zentrale Rolle, und darüber würde er sich freuen, glaube ich.

KLUGE Was steht in den drei dicken Büchern von Kant, den sog. drei Kritiken?

NEGT Na ja, das ist einigermaßen schwierig, das in wenigen Worten zu sagen. Aber in der *Kritik der reinen Vernunft* ist der Versuch gemacht, die Grenzen unseres Wissens zu bestimmen, d.h. Grenzpflöcke einzuhauen: Was können wir wissen, was müssen wir denken, worüber können wir spekulieren, was ist wichtig für unser Denken, welche Fragen können wir überhaupt nicht unterlassen, aber können keine wissenschaftlichen Antworten finden. Das steht in dieser *Kritik der reinen Vernunft* im zweiten Teil, der sog. Dialektik der Vernunft. Im ersten Teil, Analytik der Vernunft, sind die konstitutiven Bedingungen dargestellt, also das, was Grundlage unseres Wissens ist und was Erkenntnis ist. Erkenntnis ist die Verbindung von allgemeinen Kategorien mit Erfahrung und Verstand, Erfahrung und Verstand sind die Komponenten unseres Wissens und im zweiten Teil sind eben Fragen nach Freiheit, Unsterblichkeit gestellt und er sagt, die Menschen denken darüber nach und müssen darüber nachdenken, aber es gibt keine wissenschaftlichen Antworten darauf. Die zweite der großen Kritiken, *Kritik der praktischen Vernunft*, beschäftigt sich mit dem Sollen. Was ist die Bedingung dafür, dass der Mensch aus seiner Freiheitsfähigkeit, die er hat, das beweist er in der *Kritik der reinen Vernunft*, dass der Mensch freiheitsfähig ist, was sollte er mit dieser Freiheit tun? Handle so, dass die Maxime deines Wollens jederzeit allgemeines Gesetz werden kann, d. h. ich habe in mir so etwas wie einen kategorischen Imperativ. Die Menschen können mehr als nach bloßen Gesetzen der Kausalität handeln, sie können etwas tun, was die Menschheit in der eigenen Person achtet. Achtung, gegenseitige Achtung und alle diese Dinge stehen im Zentrum dieser *Kritik der praktischen Vernunft*. Also wenn man will, ist in der ersten, der

Kritik der reinen Vernunft, festgelegt, was wir vom Sein wissen können.

KLUGE Im zweiten Buch: was wir von der Gesellschaft, vom Gemeinwesen wissen können.

NEGT Was wir machen sollen und wie wir unsere Welt, unsere sittliche Welt gestalten sollen, was eigentlich die Bestimmung des Menschen ist, sagt er. In der *Kritik der praktischen Vernunft* ist mehr von der Bestimmung des Menschen, dass er nicht so handeln muss wie Tiere innerhalb von Instinktgebundenheiten und Kausalitäten.

KLUGE Und das dritte?

NEGT Das dritte ist die *Kritik der Urteilskraft*, ein spätes Werk. Behandelt die Frage, was sind ästhetische Urteile, wie kann ich ein Bild als schön ansehen, obwohl da nicht ein Kausalitätsgesetz ist, dass ich nicht die Farben vergleiche mit irgendetwas, sondern wie ich die Komposition zu verstehen habe. Wie entstehen Geschmacksurteile? Er sagt, Geschmacksurteile sind gesellschaftliche Urteile. Er spricht von der transzendentalen Voraussetzung des sensus communis. Nur ein Gemeinsinn stiftet das, was Geschmacksurteile sind. Der zweite Teil der *Kritik der Urteilskraft* beschäftigt sich mit der Natur. Der Frage: gibt es Zwecke in der Natur und mit der teleologischen Urteilskraft. Er sagt: wir wissen das nicht. Wir müssen die Natur unter dem Gesichtspunkt betrachten, dass es in ihr Zwecke geben könnte. Nur so bekommen wir Einblick in die lebendige Natur. Aber der *Newton des Grashalms* ist noch nicht gefunden. Der Newton des Grashalms. Wir wissen nicht, was Leben ist.

OSKAR NEGT ÜBER IMMANUEL KANTS BERÜHMTEN AUFSATZ VOM DEZEMBER 1784

[Ein Männerkopf in Stein, die Augen wie mit einer eckigen Brille umrandet / S/W-Silhouette: Ein Mann mit Mozartzopf an einem Schreibtisch, im Hintergrund ein halbrundes Sprossenfenster / Zeichnung einer Personengruppe, die um einen langen Tisch sitzt / Immanuel Kant vor einem Schreibpult]

KLUGE Im Dezember 1784 erscheint in der *Berlinischen Monatsschrift* ein Artikel von Immanuel Kant: »Beantwortung der Frage: Was ist Aufklärung?« Er schreibt: »Aufklärung ist der Ausgang des Menschen aus seiner selbst verschuldeten Unmündigkeit. Unmündigkeit ist das Unvermögen, sich seines Verstandes ohne Leitung eines anderen zu bedienen.«

NEGT Unmündigkeit würde bedeuten, dass der Mensch seine Vermögen nicht nutzt im Sinne dessen, was er kann.

KLUGE Selbstverschuldet, sagt er, ist es dann, wenn es an Mut und Entschlossenheit fehlt.

NEGT Er hat also alle Möglichkeiten, nutzt sie aber nicht, weil die Gemütskräfte nicht ausreichend aktiviert werden, diese Verstandestätigkeit als autonome Tätigkeit zu mobilisieren.

KLUGE Wenn der Mensch unmündig ist, nicht selbst verschuldet, sondern unverschuldet, wenn er sich zum Beispiel verirrt in seinen Gemütskräften, in einer Liebesbeziehung, dann sucht er trotzdem den Ausgang aus der Unmündigkeit.

NEGT Kant würde sagen: Es bedarf zusätzlicher Kraftanstrengung, aus dieser fremdverschuldeten Unmündigkeit herauszukommen. Aber an sich hat jeder Mensch die Möglichkeit, Auswege zu suchen und auch zu finden. Das ist, glaube ich, ein präziser Begriff von Aufklärung und Selbstaufklärung.

Alle Konspiration gegen Aufklärung ist null und nichtig

KLUGE Da gibt es eine Stelle im selben Artikel, in dem er sagt, dass die Verschwörungen, die gegen einen Prozess der Aufklärung sich richten und Fragen aufwerfen, bei denen die religiösen Vorbehalte oder die obrigkeitlichen Gründe gegen Aufklärung sprechen, unrechtmäßig sind.

NEGT Das ist eine gute Auskunft darüber, dass das, was nicht legitimiert, berechtigt oder begründet ist, auf keinen Fall den Prozess dieser Aufklärung und Selbstaufklärung der Menschen verhindern darf. Das widerspricht gleichsam dem Naturrecht.

KLUGE Gleichzeitig stützt er sich auf ein Staatswesen Friedrichs des Großen, auf das er mehrfach anspielt. Kant legt Friedrich dem Großen den Satz in den Mund: »räsonniert, so viel ihr wollt, und worüber ihr wollt; aber gehorcht«. Das ist ähnlich wie Glasnost. Es ist kein neues Gemeinwesen, keine Republik, die hier entsteht oder eine Weltrepublik des Geistes. Es ist zunächst ein Übergangsstadium, ähnlich der Vorstellung von Gorbatschow: Gehorcht, aber bereitet etwas vor, was den Gehorsam unnötig macht.

NEGT Die Erweiterung der Urteilsfähigkeit der Menschen, dass sie auch die Verhältnisse, von denen sie abhängig sind, beurteilen und kritisieren können, ist der wichtigste Punkt. Sie können diese Verhältnisse nicht alle unmittelbar einreißen. Das sieht Kant klar. Aber der Mensch muss seine Kräfte so entwickeln können, dass der Fingerzeig der Natur dabei befolgt wird, damit er autonom sein kann. Das setzt voraus, dass man auch Autorität respektiert und gleichzeitig fähig ist, sie als notwendig und unabwendbar zu beurteilen. Diese Urteilskraft steht im Zentrum der Aufklärung bei Kant.

Was kann Aufklärung im Jahre 1932 helfen?

KLUGE Die Frankfurter Schule der Kritischen Theorie steht 1932 angriffslustig aufgestellt gegen die herandrängenden Massenbewegungen, vor allem der des Faschismus. Was bedeutet Aufklärung, wenn die Wissenschaft, die Menschen, das Gemeinwesen die faschistische Bewegung schwer aufhalten können? Dann reicht das Projekt der Aufklärung an irgendeiner Rohstoffquelle nicht aus.

NEGT Es wird problematisch, wenn die Gemütskräfte auch in die Richtung von Unmündigkeit in bewusster Abhängigkeit von Autorität gehen. Der Führerkult besteht darin, dass ein Selbstopfer des Ichs, der Vernunft, miteinbezogen ist in die eigene Gefühlswelt. Wenn das der Fall ist, nimmt Aufklärung eine andere Dimension an. Sie muss die Sinne genauso einbeziehen wie die Gefühle und den Verstand. Das ist bei Kant auch in den anderen Schriften so, dass die Gemütskräfte eine große Rolle bei ihm spielen in der Behinderung, aber auch in der Förderung von Aufklärung.

KLUGE Was Kant denkt, geht auf eine Tradition von gut 100 Jahren zurück, in der die neue bürgerliche Gesellschaft, der innovative Mensch, sich herausbildet. Der Prozess der Aufklärung und der Bildung, der damit verknüpft ist in der Philosophie, läuft parallel zu der Entwicklung der Gewerbefreiheit, der Tulpenzüchtung in Holland, den Börsen, den Märkten, dem Kapitalismus. Der Handel dringt so vor wie der freie Gedanke.

NEGT Markt und Öffentlichkeit haben viel miteinander zu tun. Dass die Menschen sich frei auf dem Markt bewegen können, dass es allmählich Gewerbefreiheit gibt, beeinflusst die Gedankenfreiheit.

KLUGE Kant spricht von den Indianern und ihrem Recht auf Grund und Boden, den Fuß auf ein Stück Eigentum zu setzen. Das ist auch das Recht der Wilden, wie er sich ausdrückt. Das tut der Markt, die Handelsfreiheit, nicht. Die geht respektlos vor. Die ist fundamentalistisch.

NEGT Da kommt ein gewisses Element der Kälte in die menschlichen Beziehungen hinein, durch den Geld- und Tauschverkehr. Der Respekt gegenüber der Bodenständigkeit, gegenüber dem, was den Menschen lieb und teuer ist, geht allmählich verloren. Aber das ist ein Element dieser Form der Aufklärung. Der Mensch ist in seinen Gemütskräften nicht richtig zusammengesetzt. Er muss sich dauernd bemühen, die Kräfte so zu mobilisieren, dass der Ausgang aus der Unmündigkeit möglich ist. Deshalb ist auch politische Bildung ein permanenter Vorgang; damit ist nicht gemeint, dass man zur Schule geht, Gemeinschaftskunde mitbekommt und dann für das Leben ausgestattet ist. Das ist ein großes Problem von Aufklärung, dass es ein nicht abschließbarer Prozess der Mobilisierung, der nicht zusammenhängenden Kräfte im Menschen ist, die einen Zusammenhang herstellen müssen.

KLUGE »Sapere aude! Habe Mut, dich deines eigenen Verstandes zu bedienen!« Sei autonom. Beschreibe mir dieses Selbstbewusstsein, also die Rohstoffbasis der Aufklärung, nicht das rhetorische 18. Jahrhundert, sondern das arbeitsame 17. Jahrhundert.

NEGT Im 17. Jahrhundert ist das, was die Verbindung dieser Kräfte betrifft, viel stärker ausgeprägt als zum Beispiel im 19. Jahrhundert in dieser nationalstaatlichen Isolierungswelt. Es ist wie ein Universalismus. Die Menschen des 17. Jahrhunderts denken universalistisch, deshalb mobilisieren sie auch verschiedene Kräfte.

KLUGE Der Dreißigjährige Krieg steht vor der Tür. Es sind Verhältnisse aggressiver Art zu bewältigen. Inmitten dieser Verhältnisse gibt es ein Selbstbewusstsein: Ich bin Eigentümer meines Lebenslaufs und verantwortlich dafür, an wen ich mich binde: das Gemeinwesen, die Ehe, die Kinder. Es ist eine Bestellung des Hauses notwendig, die neu ist.

NEGT Die ist insofern neu, als dieses kopernikanische System zunächst den Menschen aus dem Kosmos nimmt und ihm jetzt die Aufgabe gibt, den Kosmos neu aufzubauen.

KLUGE Er ist an den Rand gesetzt. Er ist nicht der Mittelpunkt der Welt.

NEGT Nein, er ist nicht mehr der Mittelpunkt.

Der NEUE MENSCH von 1600 / Anfang der modernen Wissenschaften

KLUGE Die Anatomen wühlen des Nachts in den Menschenkörpern, untersuchen die toten Menschen.

NEGT Leonardo da Vinci klaut sich die Leichen, um sie zu untersuchen.

KLUGE Diese Seite ist auf eine bestimmte Weise rücksichtslos. Gleichzeitig entwickelt sich die Oper, die Musik, die Monodie. Monteverdi komponiert 1607 *Orfeo*, die erste europäische Oper. Man könnte sich auch vorstellen, dass diese Opernkomponisten, statt schlechte Schauspielstücke oder missverstandene griechische Tragödien zu komponieren, in den anatomischen Instituten, in den naturwissenschaftlichen Sammlungen ihre Musik hätten anbringen können. So wie Musik vorher in Kirchen ist. Die ist nicht in erster Linie im Theater. Dann wären die Musik und die Naturwissenschaften eine Ehe eingegangen.

Lagrangian formalism
$S\left[q(t)\right] = \int_{t_1}^{t_2} L\left(t, q(t), \dot{q}(t), \ddot{q}(t), \ldots\right) dt$
$L\left(q, \dot{q}\right) = \frac{1}{2}\left(\dot{q}^2 - \omega^2 q^2\right)$

4

Inwiefern ist Liebe eine republikanische Tugend?

Geschichten zu Themen von Immanuel Kant

INWIEFERN IST LIEBE EINE REPUBLIKANISCHE TUGEND?

In der Zeit, in welcher Königsberg vom Heer der Zarin besetzt war (sieben Jahre lang), saßen schwärmerische russische Offiziere, philosophieorientiert, zu Gast bei Immanuel Kant. Eines Samstags kam die Frage auf: Kann die Liebe (l'amour) als Gesetzgeberin des Lebens neben die Gemütskräfte treten, die sich zum Erkenntnisvermögen zusammenschließen? Als dann wäre doch die Motivation die denkbar stärkste. Die Vernunftwerkzeuge, welche die Natur dem Menschengeschlecht beigegeben hat, wären dann nicht nur beobachtend und urteilend, sondern auch TATKRÄFTIG wirksam.

Die jungen Offiziere, persönlich verliebt, von ihren persönlichen Erfahrungen auf das Weltganze schließend, redeten sich in Begeisterung. »Handle stets so, dass dein Wollen Maßstab einer allgemeinen Gesetzgebung sein könnte!« Was für energiereiche Einfälle entspringen in dieser »Sache« (oder vielmehr in einem solchen Arkadien der Subjekte) den schwellenden Herzen. Die Liebesbeziehung nährt sich ja, behaupteten die jungen Hauptleute und Majore, in der Mehrzahl aus der Spiegelung des Anderen. Ich sehe, dass du mich liebst, und daraufhin liebe ich dich um so mehr!

Der Philosoph war gefordert. Er hätte einfachere Beispiele aus der sinnlichen Erfahrung bevorzugt. So heißt »sich in Denken orientieren« zunächst die Bestimmung der Himmelsrichtung bei Aufgang der Sonne (auch in der Nacht gibt der Aufgang der Sterne Auskunft über die Richtung der Horizonte). Zugleich aber weiß das »wahrnehmende Subjekt«, welche seiner beiden Hände die rechte oder die linke ist. Das weiß einer auf Grund sinnlicher Erfahrung, aber auch dadurch, dass die Hände und die Himmelsrichtung sich zueinander orientieren. Sehe ich den Sonnenaufgang im Osten, so haben rechte und linke Hand ihren sicheren Platz. Es geht darum, die erkennende Zuordnung zwischen Subjekt und Objekt zu *gewährleisten*.

So etwas war in Liebesverhältnissen nirgends garantiert. Vielmehr, so begann der Philosoph die Entgegnung, neigt die Liebe als die HERRISCHSTE TEILKRAFT DES BEGEHRUNGSVERMÖGENS dazu, sich selbst zum obersten Gebot zu machen. Das tut die Vernunft ja keineswegs. Sie ist vielmehr Schlichterin zwischen den verschiedenen Gemütskräften, dem Konzert der Gefühle, sozusagen Dirigentin und keineswegs Trompete.

Sie können doch nicht, Herr Professor, die zarteste, leiseste Empfindung, die der aufkommenden Verliebtheit, mit einer Trompete vergleichen. Es entspricht nicht der Erfahrung, dass die Liebe in ihren Anfängen sofort alles übertönt.

Das kenne ich aber anders, warf Hauptmann von Löwe-Danilow ein. Wie ein Blitzschlag, zumeist unter Fremden, die einander nicht verstehen, schlägt die Liebe ein, wie wir es in französischen Romanen lesen. Wie Phaethons Sonnenwagen, der abstürzt. Arkadien liegt versengt, die Nymphe Kallisto irrt nach Wasser dürstend umher. So fällt sie Jupiter anheim, der Wasser besorgt. Eine grauenvolle Geschichte. Ich kenne kein Dickicht, das unzugänglicher ist als die Welt der Liebe.

Immanuel Kant erwartete von einer Abendgesellschaft wie dieser »Lust und Laune«; diese Abendzeit schien ihm ungeeignet für Erkenntnistätigkeit, dagegen höchst lohnend für sog. »Verstandesspiele«. Ein Mensch lässt sich nämlich die Lust, ohne unmittelbaren Erkenntniszwang Gedanken und Worte schweifen zu lassen, ähnlich den Klängen in den »Tonspielen« oder den raschen Zufallsblitzen in den »Gewinn- und Glücksspielen«, nicht ausreden. Hierbei handelt es sich um eine Echowelt der Erkenntnisvermögen; keineswegs entspringt die Lust an der Konversation, der zwanglosen Abendrede, der tierischen Natur. Darüber stritt sich der Philosoph in seiner Korrespondenz gerade mit Johann Gleim, der ganz im Gegenteil *die Tiere* »geschwätzig und gesellig«, d.h. »tonspielende und glücksspielende Lebewesen«, nannte.

Der gute Wille hat in Liebesangelegenheiten, führte der Philosoph aus, eine abweisende Kraft. Der gute Wille in der Liebe schließt alle Dritten von der Teilhabe an den Gemütskräften des Liebenden aus und ist konzentriert auf die eine Person, die auf solch einseitiges Liebesbegehren antworten soll: ein Übermaß an Zuwendung, dem sich auch bei bestem Willen das Liebesgegenüber nicht fügen kann, da es ja zumindest den eigenen Ausdruck (die Autonomie) seines Liebesvermögens dagegenhalten und insofern dem Anderen erst verdolmetschen müsste, so Kant, wie die Grammatik auf beiden Seiten des »Unaussprechlichen«, des mit viel Schwärmerei und Ahnungsvermögen verdichteten Verhältnisses, aufzufassen sei.

Die Antwort empfanden die Offiziere als trocken. Sie fingen gleich aufs neue an, von Liebesdingen zu berichten; die Beispiele lösten einander in rascher Folge ab. Sollte es so sein, dass sie ihrer Neigung nicht folgen dürften, so wollten sie lieber auf Philosophie verzichten als auf das interessante Thema, das sie am Schopfe gefasst hielten. Kant, ein höflicher Gastgeber, insistierte auch nicht auf einer Klärung, einer Entmischung der Begriffe. Es genügte ihm, dass niemand sein Liebesheil von übersinnlichen Kräften, aus dem »von dickem Nebel erfüllten Raum des Übersinnlichen«, erwartete. Mochten sie in der Weltenpraxis Heil suchen oder Unheil stiften. Ihm schien die Auffassung, eine einzelne Gemütskraft solle über alle anderen herrschen, ähnlich wie in der griechischen Götterwelt die Zuwendung des einen oder anderen Gottes das Unglück Trojas gestiftet hatte, dogmatisch. Was für eine gräßliche Anmaßung, zu sagen: Kraft der vorübergehenden Aufwallung in mir (ungeleitet von Sternen oder Gesetzen) bestimme ich, dass ich dieses eine

Gegenüber, das ich zufällig entdeckt habe, liebe (oder nur auch ein Bein davon, das schöne Haar, eines von zwei Strahleaugen, manche sind verrückt auf Füße); alle anderen möglichen Gegenüber aber lehne ich entschieden ab. Auf ein solches Urteil, meinte Kant an diesem Abend, lässt sich nur Unglück stützen. Das ist schlimmer als die religiösen Fehlurteile, welche die Morde in der Bartholomäusnacht auslösten: Weil protestantische und katholische Familien sich durch Heirat vermischten, kam es noch in der Hochzeitsnacht zu Massakern.

Man sah dem Gelehrten äußerlich nicht an, was er dachte. Unabhängig von der Maschinerie seiner Gedanken führte er höfliche Reden, die den Gästen, den Okkupanten, gefielen. Die Gesellschaft fühlte sich hauptstädtisch insofern, als sie von den Romanen Frankreichs schwärmte, die Macht des Zarenreichs vertrat und doch in dieser kleinen Stadt Königsberg die Weltphilosophie anwesend wusste. Der gutaussehende Philosoph verkörperte eine unsichtbare Republik von Schreibenden, die ein Netzwerk um die Welt gespannt hielten. Die Liebe zwischen den Geschlechtern hielt er für keine republikanische Tugend.

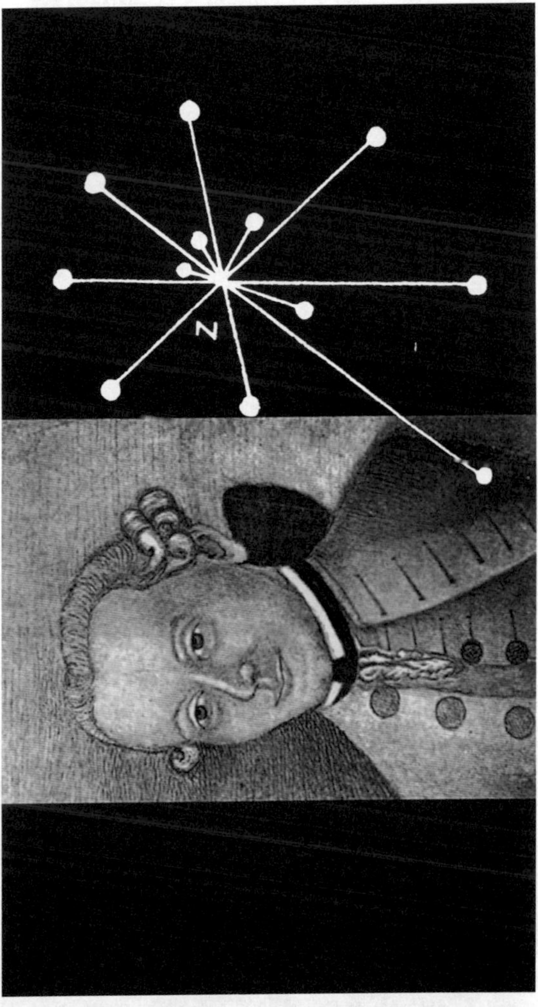

Es handelt sich um eine alte Dame. In ihrer Jugend bestach dieser Jack Russell durch seine Energie. Halbmeterhoch durchsprang er das Gras. Auf Stränden rannte er im Wind. Inzwischen kennt er die Personen des Haushalts, weiß, was er tun muss, um seine Bedürfnisse befriedigt zu erhalten. Alle dienen diesem Hund.

Er gehört zur Spezies der Warmblüter, interessiert an der Unterscheidung zwischen guten und schlechten Wärmequellen. Wo sind die angenehmsten Stellen – und die wärmewahrenden Stellungen – in der Wohnung? Darin ist dieser Hund Experte. Um Millimeter korrigiert er seine ruhende Lage in dem Sonnensegment, das von den hohen Fenstern aus den Boden erreicht und minütlich wandert. Der Hund folgt dem Tageslicht, damit dem Fell auch nicht ein Quentchen davon verlorengeht.

Viermal am Tag wird er für die Projekte »groß« und »klein« nach draußen geführt. Heute sorgt der Regen dafür, dass die Reise kurz bleibt. Das linke Auge scheint erblindet zu sein, man wird es nicht operieren können. Das rechte zeigt grauen Star. Die Sichtweite beträgt etwa vier Meter. Der Dom der Gerüche, den er von seinen Ausflügen ins Freie mitbringt oder auch in jeder Lage im Hause neu aufbaut, bleibt gewaltig. Wir glauben, dass er sein Bild im Spiegel des Fahrstuhls wahrnimmt, wenn man ihn nah dagegenhält, aber er erkennt sich nicht selbst. Es scheint, dass sein Eigenbild sich oft wandelt. Manchmal ist er ein Riese, manchmal ein Zwergenhund. Das hängt davon ab, wer ihn gerade beriecht. Im Verhältnis zu uns, den Begleitpersonen seiner Existenz, hält er sich wohl für einen Menschen, dem aus Narretei der Kollegen der Sitz am Mittagstisch verwehrt ist. Begeben wir uns zum Essen, geht der Hund zu seinem Napf. Immanuel Kant spricht von einer Merkwürdigkeit der Apperzeption, »dem transzendentalen Hund«. Die Hunde weisen äußerlich und in ihrem Seelenleben Unterschiede auf, so Immanuel Kant (zum Beispiel ein Pekinese im Vergleich zu einem Bernhardinerhund), die es nicht nahelegen, dass Menschen diese Gattung von anderen Gattungen (zum Beispiel von Katzen) ohne Vorverständigung unterscheiden. Die Verschiedenartigkeit stört offensichtlich den Begriff wenig, dessen Einwohner der Hund ist. Der Begriff vom Hunde, fährt Immanuel Kant fort, sei deutlicher umrissen als der des Menschenrechts, wenn es doch Sklaven, Adel, Umherziehende wie Zigeuner, Indianer und Bürger mit sehr verschiedenen Rechtsansprüchen gebe. Zufrieden liegt unser Hund auf seinem Lager.

Mit Sympathie verwendet Oskar Negt den Ausdruck »Kants Seelensack«. Der Ausdruck stammt von Hegel und war polemisch gemeint. Auf der langen Wanderung zur Emanzipation, so Negts Kommentar zu Kant, sind improvisierte Tragegeräte wie Körbe, große Flaschen, Schläuche und Säcke unentbehrlich. So haben wir 1945 bei der Flucht über die Nehrung, fügt Negt hinzu, bei der ich als Elfjähriger den Zug der Geschwister anführte, in Säcken gut verschlossene Marmeladegläser, Mehl, Bücher und Abrechnungen transportiert.

Für Hegel, der einem »Vermittlungswahn« folgte, waren Kants »Natureigenschaften der Menschen«, angeblich aus der Geschichte entstanden und mitgeführt, Behauptungen, denen die dialektische Ableitung völlig fehle – insofern »Seelensack« und nicht »System«.

Immanuel Kant geht von drei Gruppen menschlicher Vermögen aus, von denen er annimmt, dass sie zur Begründung von Naturrecht und Vernunftglauben ausreichen:

- die VERMÖGEN DER VERNUNFT etablieren die Prinzipien,
- die VERMÖGEN DES VERSTANDES entwickeln die Regeln,
- die VERMÖGEN DER URTEILSKRAFT (auch der dichterischen Einbildung) unterscheiden das Besondere und bringen es in Verbindung zum Allgemeinen.

Wie entsteht das eine, fragte Hegel, aus dem anderen? Immanuel Kant genügte es, dass solche Eigenschaften offenbar in beachtlicher Menge in den Menschen vorhanden waren. Worin ihre Alchemie bestehe, diese Frage wollte er nicht beantworten. Mit welcher Motivation man Verstandeskräfte veranlassen könnte, sich in Prinzipien umzuwandeln, die Antwort darauf überließ er der Praxis. Oder sollte man warten, fragte er zurück, als ihm Ansätze der Kritik vorgetragen wurden, wie sie Hegel später publizierte, aber privat bereits vorher geäußert hatte, bis eine Psychologie die Grundkräfte der Menschen, die sie doch praktisch ausüben (und im Laboratorium der Revolution vorführen), erklärt hätte? DIE EMANZIPATION KANN NICHT WARTEN. Sie *will* auch nicht warten, fügte Kant gegenüber einem Besucher hinzu.

Immanuel Kant, Senf zubereitend. Zeichnung von 1801.
Das Riechorgan, ein besonders verlässliches Instrument
der Urteilskraft. Bis zu seinem Tode im Jahre 1804
verfolgt Immanuel Kant in Königsberg, das er nie verläßt,
die Ereignisse der Zeit, indem er Zeitungen liest
und die Berichte von Besuchern hört. So beobachtet er auch
die Geschichte Frankreichs nach 1789 fünfzehn Jahre lang.
Nie hat er seine Stimme – wie es Hegel in seiner
PHÄNOMENOLOGIE DES GEISTES tut – für den Chor negativer Urteile
über die Revolution hergegeben. Im Streit der Fakultäten
spricht Kant von der EVOLUTION EINER NATURRECHTLICHEN VERFASSUNG,
zu der es auch dann kommen werde, wenn Blut vergossen wird
(was Kant nicht billigt). Zwar verbessere sich, nach seiner
Beobachtung, die MORALITÄT der einzelnen Menschen kaum.
Es finde sich aber in der zunehmenden LEGALITÄT ein Ereignis,
das er mit Empathie verfolge.

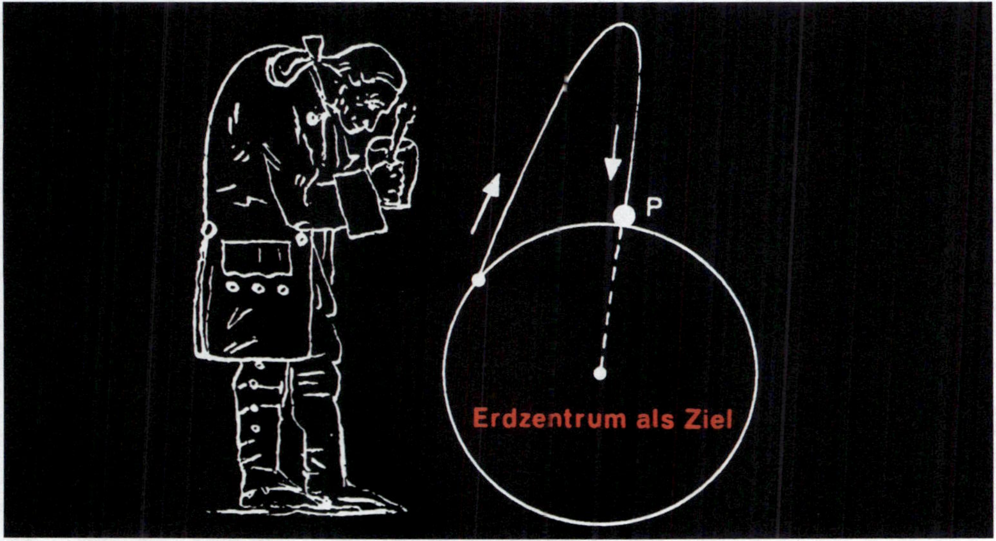
P
Erdzentrum als Ziel

HOCHÖFEN DER SEELE

MAX WEBERS ZWEIFEL AM »TYP DES ÜBERMENSCHEN«

In den Einleitungssätzen zur »Transzendentalen Methodenlehre« in der *Kritik der reinen Vernunft* (nach der ersten und zweiten Originalausgabe herausgegeben von Jens Timmermann, Hamburg: Felix Meiner Verlag 1998, S. 759) schreibt Immanuel Kant über den HAUSBAU DES DENKENS:

»Wenn ich den Inbegriff aller Erkenntnis der reinen und spekulativen Vernunft *wie ein Gebäude* ansehe, dazu wir wenigstens die Idee in uns haben [...] fand es sich, daß, ob wir zwar einen Turm im Sinne hatten, der bis an den Himmel reichen sollte, der Vorrat der Materialien doch nur zu einem *Wohnhause* zureichte, welches zu unseren Geschäften auf der Ebene der Erfahrung gerade geräumig und hoch genug war [...], daß aber jene kühne Unternehmung aus Mangel an Stoff fehlschlagen mußte, ohne einmal auf die Sprachverwirrung zu rechnen, welche die Arbeiter über den Plan unvermeidlich entzweien, und sie in alle Welt zerstreuen mußte [...] wir gewarnet sind [...] gleichwohl doch von der Errichtung eines festen Wohnsitzes nicht wohl abstehen können, den Anschlag zu einem Gebäude in Verhältnis auf den Vorrat des uns gegeben und zugleich unserem Bedürfnis angemessen ist zu machen [...] wir werden es in dieser Absicht mit einer DISZIPLIN einem KANON, einer ARCHITEKTONIK […] der reinen Vernunft zu tun haben […].«

Von diesem Text Kants ging Max Weber in einer Vortragsnotiz von 1917 aus und knüpfte daran folgenden Gedanken:

Der Turm, von dem die heilige Überlieferung spricht, war in Lehm errichtet, mit Strohmatten seitlich befestigt und ist später zerfallen (oder zerflossen). Dreitausend Jahre nach seinem Untergang, etwa um 1600 nach Christus, ist er aber im Innern der Menschen neu erstanden und bildet als die FÄHIGKEIT ZU MEHRSCHICHTIGEM DENKEN die Chance der modernen Gesellschaft.

Der Mensch unserer Zeit habe, so Max Weber, seinen glühenden Glauben ins Herz zurückgezogen und könne ihn dort zu alltäglicher Arbeitsdisziplin einschmelzen: zu industriellem Fleiß. Dies gelte für den protestantischen Charakter besonders. Er sei überrepräsentiert in den Industriegürteln von Schottland, Mittelengland, den Niederlanden und an der preußischen Ruhr. Hinzu trete der »Turm in uns« als eine organisierende Kraft: die der »stapelbaren Äcker«. Er spreche deshalb, ähnlich wie der französische Soziologe Durkheim, von »Äckern der Seele«, aber auch von »Werkstätten der Seele«.

Dagegen habe er keine subjektiven Elemente beobachtet, die eine Verinnerlichung von Industrie und großer Maschinerie signalisierten. Es gebe insofern keine HOCHÖFEN DER SEELE. Er bezweifelte, dass es je einen *Übermenschen* geben würde. Eher wäre zu erwarten, dass Barbaren an der GROSSEN MASCHINERIE hantieren ...

Hier brach das Manuskript ab.

DIE FOSSILE SPUR DES UNABHÄNGIGEN GEDANKENS

Eine Lieblingsidee des Philosophen Sohn-Rethel, auf die sich seine *Soziologie der Erkenntnis* gründete, war die Ableitung von Kants rätselhafter Konstruktion des TRANSZENDENTALEN SUBJEKTS aus der Praxis der WARENTAUSCHENDEN GESELLSCHAFT.

Es gibt allgemeine Regeln des Vernunftgebrauchs, so Immanuel Kant, die nicht aus der Erfahrung eines Individuums, auch nicht aus einer Götterwelt hervorgehen, sondern als ein »zärtlicher Keim«, eine Mitgift des Menschengeschlechts als APRIORI dem autonomen Gebrauch der Verstandeswerkzeuge vorausgehen. Bei Kant handelt es sich um eine Kategorie der Ideen. Sohn-Rethel dagegen, verwöhnter Sohn aus gutem Hause, Intensivbeobachter des gesellschaftlichen Laboratoriums der dreißiger Jahre in Deutschland und Glückskind der Philosophie, sieht die Wurzel des selbständigen Denkens nicht im denkenden Kopf (wie immer rätselhaft vermittelt mit einem geisterhaften überindividuellen Subjekt, einem Vorgriff auf eine weltbürgerlich konstituierte Welt), sondern im TUN der Menschen. Sie lesen das Denken an ihrer modernen Praxis ab, sagt er, also an der REALABSTRAKTION DES WARENVERKEHRS; gleichmacherisch Werte schaffend, ohne einander genau zu kennen, auch gleichgültigen Gemüts wie ein *impartial spectator* und sich dabei doch hitzige Mühe im einzelnen gebend, entfalten sie Produzentenstolz, sind also überhaupt nicht gleichgültig, sondern menschlich. Abstrakte Begriffe, Logik und schließlich Vernunft haben ihren Boden in der Produktion, sagt Sohn-Rethel. Das ist das APRIORI im materialistischen Sinn, ihm laufen die Begriffe und das Denken hinterher.

5

5

Warum nannte man Immanuel Kant den »Alles-zermalmer«?

Immanuel Kant
der
"Alleszermalmer"

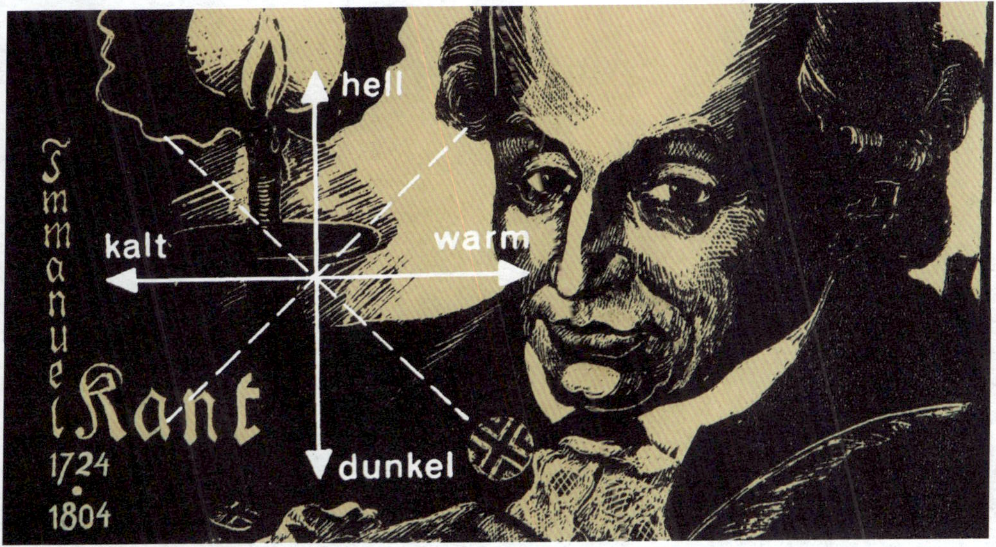
hell
kalt
warm
dunkel
Immanuel Kant
1724
1804

Oskar Negt zum 200. Todesjahr
des »Alleszermalmers«

DAS GEHEIMNIS DES IMMANUEL KANT

[Inmitten eines Sternenhimmels ein Porträt Immanuel Kants, darunter der laufende Text:]

Menschen leben und denken in drei verschiedenen Wirklichkeiten: in der WELT DER ERSCHEINUNGEN, in der INTELLIGIBLEN WELT und sie bereiten sich vor auf ein REICH DER FREIHEIT

KLUGE Bei Kant gibt es drei Wirklichkeiten. Das ist das Geheimnis von Immanuel Kant. Wie heißen diese drei Wirklichkeiten?

NEGT Zum einen handelt es sich um eine Wirklichkeit, in der Ursache und Wirkung, also Kausalitäten, herrschen. Da wird etwas verursacht und hat eine nachprüfbare Wirkung.

KLUGE Das ist so im Krieg und in den Naturwissenschaften, wenn die Sterne aufeinanderstoßen. Der gestirnte Himmel ist in diesem Sinne kausal.

NEGT Da ist der Mensch also nicht frei. Diese Kausalverhältnisse kann man erkennen und verwenden, aber nicht gestalten. In der Naturwissenschaft hat das Sollen keinen Sinn.

Xerxes, König der Perser, ließ den Bosporus mit Ketten schlagen, weil dessen durch Sturm aufgepeitschte Wellen den Übergang der Perser störten.

KLUGE Wer wie Xerxes den Bosporus auspeitscht, ist ein alberner Tyrann.

NEGT Die zweite Wirklichkeit besteht in der Notwendigkeit, eine Grenze zu bezeichnen. Kant hat verschiedene Ausdrucksformen für diesen zweiten Wirklichkeitsbereich, er nennt es Ding an sich, *Noumenon*, ein Wesen gegenüber der Erscheinungswelt. Das können wir nicht erkennen, aber es bezeichnet die Grenze unserer Einflussmöglichkeiten auf die Welt.

KLUGE Aber es gibt eine zweite Welt, in der auch wir leben. Ist das die intelligible Welt?

NEGT *Mundus intelligibilis* ist eine frühe Bestimmung bei Kant. *Mundus sensibilis* ist die Welt, die wir mit den Sinnen erfahren.

KLUGE Das ist das, was wir mit den Nerven wahrnehmen, was wir messen können, was nach Meter und Zeit geht.

NEGT Schon in vorkritischer Zeit hat er diese Unterscheidung. Die dritte Wirklichkeitsebene ist der Gestaltungsbereich der Menschen durch Moralität, dass er sich selber Gesetze geben kann und damit eine Welt sich aufbaut, die gesetzmäßig, nicht willkürlich ist, aber die auf der Autonomie seiner Gesetzgebungskompetenz beruht, auf der Freiheitsfähigkeit.

KLUGE Die ist nur möglich, weil der *mundus intelligibilis*, die intelligible Welt, durch den Menschen durchströmt, ohne dass er sie versteht. Gleichzeitig wirkt die reale Welt, die kausale Welt der Natur, ebenfalls in ihm. Er trägt sie mit sich in seinen Zellen.

NEGT Der »bestirnte Himmel über mir« bezeichnet also die Welt der Kausalitäten und »das moralische Gesetz in mir« ist ein eigenes Reich. Kant bezeichnet es auch als ein Reich der Freiheit. Wir können dieses Reich der Freiheit nicht beweisen. Sobald wir darin eindringen mit unseren Kategorien von Erkenntnis, müssen wir Sinnlichkeit und Verstand gleichzeitig haben. Er weigert sich, in diese Welt ein sinnliches Element zu bringen, weil er damit befürchtet, dass wiederum ein Stück Autonomie vom Menschen weggenommen wird.

KLUGE Prometheus hat die Menschen entwickelt. Er hat nicht aufgepasst. Sie wurden keine Gesetzgeber ihres Schicksals, sondern er betrog gemeinsam mit ihnen die Götter.

Der bestrafte Prometheus

NEGT Auf den Opferstätten hat er alles Essbare für die Menschen an sich genommen und nur die Knochen den Göttern geopfert. Dieser Betrug wird bestraft. Solchen Betrug will Kant um jeden Preis vermeiden. Deshalb können wir nicht erkenntnismäßig erfassen, was Freiheit ist. Freiheit ist nur zu verteidigen. Das Sittengesetz ist das fassbare Dokument, dass der Mensch freiheitsfähig ist.

KLUGE Es ist ein Gefäß, nicht bereits der Inhalt, sondern das Verfahren, mit dem Menschen dieses Gefäß werden füllen können. Humanisierung der Natur wäre am Ende der Umbau des Planeten nach menschlichen Maßstäben, die aber nicht die der kausalen Welt sind.

NEGT Der moralische Hausbau der Vernunft, wenn man es so bezeichnen will, würde die Kausalitäten verwendbar machen für die Humanisierung der Welt.

KLUGE Das erfordert zauberische Anleihen.

NEGT Kant ist vorsichtig mit magischen Qualitäten. Es gibt die Auseinandersetzung mit Swedenborg, der die Sinnlichkeit in diese Welt schiebt und sagt: Die Menschen sprechen mit den Toten. Kant sagt: Das ist Betrug. Sobald ich versuche, das erkenntnismäßig zu fassen, muss es experimentell beweisbar sein und die Sinnlichkeit muss intersubjektiv vermittelbar, also von anderen nachprüfbar, sein.

KLUGE Er ist gleichzeitig als Zollbeamter, als Grenzschützer zwischen der kausalen Welt und der intelligiblen Welt tätig. Da kommt nichts durch.

NEGT Deshalb sagt er: Ding an sich ist ein Grenzbegriff. Der ist absolut notwendig. Wir würden sonst nur in Kausalitätsverhältnissen leben und denken. Das Sittengesetz, dass wir auch gegen Kausalität handeln können, ist ein Beweis dafür, dass es Freiheit gibt. Das ist die Lösung der dritten Antinomie in der *Kritik der reinen*

Vernunft, wo er sagt: Es widerspricht sich nicht Kausalität und Freiheit, sondern der Mensch ist freiheitsfähig und gleichzeitig auch eingebunden in bestimmte sinnliche Wahrnehmungen, er hat einen tierischen Teil in seiner Existenz. Die Natur hat uns aber außerdem ausgestattet mit einem Potenzial, mit einer Möglichkeit, mit einem Freiheitsvermögen.

KLUGE In der Mathematik ist ein Stück dieses Vermögens, ein Gefäß dafür enthalten.

NEGT Nein, die Mathematik ist ein Produkt menschlichen Erkenntnisvermögens. Das kann weit gehen in der Erkenntnis und weniger weit, aber die Gesetzmäßigkeiten sind vorgegeben. Wir sind also Bestandteil dieser Naturentwicklung mit der Ausnahme und dem Gegensatz zu allen anderen Naturereignissen, dass wir ausgestattet werden mit der Möglichkeit autonomer Gesetzgebung, was kein anderes Lebewesen, was auch die Natur nicht teilt.

KLUGE Wir können uns vertragen, wir können den anderen verstehen. Wir können mit dem Kopf des anderen denken, dies ist eine zusätzliche Eigenschaft. Das kann Gott nicht. Der versteht uns nicht.

NEGT Das weiß man nicht.

Einfluss der GEISTERSEHER

NEGT Die Geisterseher waren für ihn ein Problem, weil Swedenborg einen großen Einfluss auf die Seelen und Köpfe der Menschen seiner Zeit hatte. Kant klagte darüber, er hätte sich dieses teure Werk angeschafft, gelesen und er verfluchte seinen Kauf, indem er sagte: So wenig Verstand hätte er nie vermutet in diesen Bänden. Kant hat viel nachgedacht. Er ist etwas hypochondrisch gewesen.

KLUGE Er konnte philosophieren, wie man den Husten langsam unterdrückt bis zur vierten Nachtstunde.

NEGT Da hat er Regeln aufgestellt. Er bezieht sich auf das Diätetische, da geht es um Lebensregeln: Wenn man spazieren geht, soll man nicht mit dem anderen reden, weil dann kalte Luft in die Lunge kommt.

KLUGE Das grenzt er ab. Da kann ein Arzt ihm einen Ratschlag geben, aber darauf kann man keine Philosophie gründen.

NEGT Er hat einen strikten Erkenntnisbegriff. Der ist gebunden an die zwei Stämme der Erkenntnis. Der eine Stamm sind die Kategorien, also Verstand, und der zweite Stamm ist Sinnlichkeit. Nur wenn beides zusammenkommt, gibt es Erkenntnisse. Spekulation oder Vermutung sind bei Kant auch zulässig. Es muss nur unter dem Namen erscheinen, wie es auftritt.

KLUGE Kant sagt, dass der Verstand etwas anderes tut als die sinnliche Erfahrung.

NEGT Der Verstand gibt der sinnlichen Erfahrung auch die Gesetze vor. Die Gesetze sind nicht einfach empirisch durch Erfahrung aus der Natur genommen.

KLUGE Solche Kategorien sind Raum und Zeit

NEGT Auch Kausalität, Wechselwirkung, es gibt zwölf solcher apriorischer Kategorien.

KLUGE Wenn ich diese Suchbegriffe nicht habe, kann ich mit der Sinnlichkeit nicht umgehen.

NEGT Dann ist sie diffus und eignet sich nicht für Erkenntnis. Allerdings wird diese Sinnlichkeit nicht erzeugt. Da ist ein Element enthalten in der Erkenntnis, das vom Objekt ausgeht. Ich werde affiziert, sagt er, durch die sinnliche Wahrnehmung.

Glücksspiel, Tonspiel, Verstandesspiele (=UNTERHALTUNG) sind unentbehrliche Lebensmittel der Menschen /

So beschreibt es Immanuel Kant in seiner Schrift KRITIK DER URTEILSKRAFT /

DAS FREIE SPIEL DER GEMÜTSKRÄFTE trägt zur Erkenntnis nichts bei /

Doch hält es den Körper intakt, in dem Erkenntnis gedeiht /

Oskar Negt berichtet –

DER MENSCH IST NUR DORT GANZ MENSCH, WO ER SPIELT /

IMMANUEL KANT ÜBER GUTE UNTERHALTUNG

KLUGE In der *Kritik der Urteilskraft* hatten wir eine Stelle gefunden, wo sich Kant damit auseinandersetzt, dass es wichtige Vergnügungen des Kopfes der Menschen gibt. Sie sind gesundheitsfördernd, also notwendig, sagt er. Aber sie werden dem bloßen Verstand nicht notwendig gefallen, und sie dienen auch nicht der Erkenntnis. Das sind das Glücksspiel, das Tonspiel und das Verstandesspiel. Das Tonspiel wäre Musik, also Komödien mit Musik. Er hat Singspiele gesehen, die ihm gefallen haben. Da ist auch, sagt er, der Kopf beteiligt, aber es hat keinen Zweck. Das sagt er nicht bedauernd, es ist vielmehr eine Tugend, dass es keinen Zweck hat.

NEGT Dieses spielerische Umgehen mit Dingen eröffnet den Gemütskräften einen Zugang zu einer Dimension, die in der klassischen Aufteilung von Begehrungsvermögen, Erkenntnisvermögen und anderen Vermögen nicht enthalten ist. Es ist ein Spiel der Gemütskräfte, das Lust bereitet. Dazu gehört auch das Risikospiel einer Spielbank, wo man mit Einsätzen arbeitet und etwas gewinnt oder verliert. Während der Russischen Besatzung hat er sich gut verstanden mit den lebenslustigen russischen Offizieren, die ein anderes Leben reingebracht haben mit Trinken und auch Glücksspiel.

KLUGE Das ist im Siebenjährigen Krieg. Da ist Königsberg besetzt. Zum Entsetzen des Königs Friedrich kapitulieren die Königsberger nicht nur, sondern kooperieren.

NEGT Sie schicken sofort Demutsgebärden an die Zarin Elisabeth. Kant schreibt auch eine Bitte, ihm einen Lehrstuhl zu verschaffen. Friedrich II. ist nie wieder nach Königsberg gegangen.

KLUGE Er war empört, dass die Krönungsstadt Preußens zum Feind nahtlos übergeht. Kant sagt sinngemäß: Menschen werden sich die Glückssuche nicht ausreden lassen.

NEGT Schiller greift diesen Gedanken auf, bei ihm ist der ästhetische Zustand, der ästhetische Staat immer verknüpft mit der Balance zwischen den Vermögen: dem Erkenntnisvermögen, dem Begehrungsvermögen und dem Vermögen der Pflicht. Der Lustgewinn liegt im raschen Wechsel zwischen den Gemütszuständen und in dem harmonischen Ausgleich dieser Gemütszustände. Die Einbildungskraft hat bei ihm schon in der *Kritik der reinen Vernunft* eine große Bedeutung als eine authentische, eigenständige und originäre Kraft der Menschen. Es geht um das spielerische Umgehen mit Gedanken und mit Gefühlen, der Verstand ist nicht ausgeschaltet. Aber es ist nicht die eigentliche Verstandestätigkeit.

KLUGE Wenn bei der Abendgesellschaft Diskurse hin- und hergehen und Witz in die Diskussion kommt, dann geschieht etwas, was der Erkenntnis nicht gefallen kann. Ein Witz ist umso besser, je widersinniger er ist.

NEGT Das widerspricht der Logik der Vernunft, so wie man sie verengt sieht. Aber im Kantischen Sinne ist das ein weiter Begriff von Vernunft, in den das Spiel und der Witz durchaus als ein Förderungselement eingehen. Schiller bringt das auf den Begriff, indem er sagt: Der Mensch ist nur dort ganz Mensch, wo er spielt. Und er spielt nur dort, wo er ganz Mensch ist. Das ist sehr Kantisch gedacht.

KLUGE Das ist die Tätigkeit, wenn ich den Zwängen für einen Moment entkommen bin. Da gibt es eine Fähigkeit im Menschen, einen Gedanken spielerisch in die Welt zu setzen, und dann zu sehen, was mit ihm geschieht. Man testet. Man kann auch mit Irrtümern testen. Man merkt es dann, dass die Reaktion der Welt auf den Irrtum den Irrtum dementiert. Und diese Fähigkeit, wie eine Fledermaus Echolote zu werfen und dann zu lernen an dem, was zurückkehrt, wäre etwas, was Kant nicht für absurd halten würde.

NEGT Kant sagt: Die Welt ist der Inbegriff der Gegenstände möglicher Erfahrung. Die Weltorientierung ist also bezogen auf das Gegenständliche. Für Kant ist dieses Element der Freisetzung von Einbildungskraft und Phantasie ein zutiefst menschliches Bedürfnis. Nicht im Überschwänglichen, wie er sagt, im Schwärmerischen, sondern auch im Bedürfnis nach bestimmten Dingen, die wir nicht mehr anschaulich machen können: das Bedürfnis nach Gott, Unsterblichkeit. Das sind Dinge oder Gedanken, die nicht beweisbar, also keine Erkenntnis sind, und trotzdem sind sie notwendig. Das macht einen großen Teil seines Denkens aus, dass er unterscheidet, was notwendig ist, wovon sich die Menschen auch nicht abbringen lassen.

KLUGE Wenn du Immanuel Kant beschreibst: Ist er groß oder klein?

NEGT Er ist ein kleiner Mensch, der sein Leben lang dachte, dass er nur kurz leben würde. Er ist ein Hypochonder. Sein Schlafzimmer war verwanzt und er hatte die Theorie entwickelt, dass Wanzen sich durch Dunkelheit bekämpfen lassen. Sein Diener Lampe hat das entschieden bestritten. Er sagte, die Dunkelheit ist genau das, was die Wanzen nährt. Als Kant verreist war, hat Lampe alles aufgemacht und gesäubert. Als er zurückkam, waren die Wanzen weg. Kant sah das als Bestätigung seiner Theorie. Kant galt als ein ansehnlicher und ein sympathisch aussehender Mensch. Er ist immer dargestellt worden als ein gebückter, eher krüppeliger Mensch.

KLUGE Er war nicht früh berühmt. Zunächst war er ein preußischer Hochschullehrer, der relativ lange nur Lateinisch geschrieben hat. Er ist in den letzten Lebensjahren weltberühmt gewesen.

NEGT Schon als Naturwissenschaftler hatte er große Anerkennung. Aber erst 1781 wird das große Werk, die *Kritik der reinen Vernunft*, veröffentlicht.

KLUGE Da sind plötzlich alle Geister auf seiner Seite.

NEGT Zunächst nicht. Allmählich setzt sich das durch, weil das Buch eine ungeheure Baustelle ist.

KLUGE Kennen die französischen Revolutionäre Immanuel Kant?

NEGT Ja, aber eher in der Interpretation von Schiller. Schiller ist Ehrenbürger der Französischen Revolution. Es gibt einen Briefwechsel zwischen Kant und Abbé Sieyès. Und man hatte Kant auch teilweise als einen Jakobiner betrachtet.

KLUGE In Wirklichkeit ist er keiner. Er ist ein vorsichtiger Mensch. Er hat sich mit seiner Obrigkeit nicht verstritten. Er sagt, man muss den Gesetzen Preußens gehorchen. Woran ist Kant gestorben?

NEGT Altersschwäche. Er war in den letzten zwei Jahren nicht mehr bei Verstand. Er war vergesslich. Die Todesursache ist nicht dokumentiert.

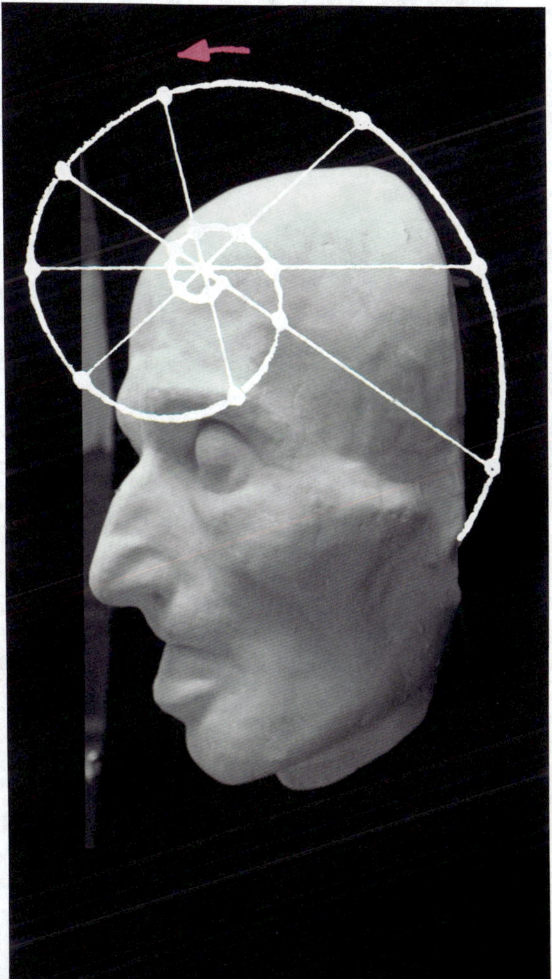

6

Kantische Kugeln

Ostsibirische See
Wrangel-insel
NORDPOL
Tschuktschen-see
Beringstraße
MEER
ALASKA (USA)
Prudhoe Bay

HELIOPOLIS
Heliopolis
KAIRO
Al Ma'ādī
Turā

Neutrinomassen von der Sonne
und von fernen Himmelskörpern
durchstreifen den Planeten Erde
von Pol zu Pol.

Heiß-Kalt-Gefälle der Erde
im Zeitalter des Klimawandels,
gesehen vom Südpol und der
die Antarktis umlaufenden kalten
Meere im Süden.

Antike Zeichnung
des Ikarus

Frühmenschen »wie im Fluge«.
Höhlenmalerei.
Geschätzt: 40 000 v. Chr.

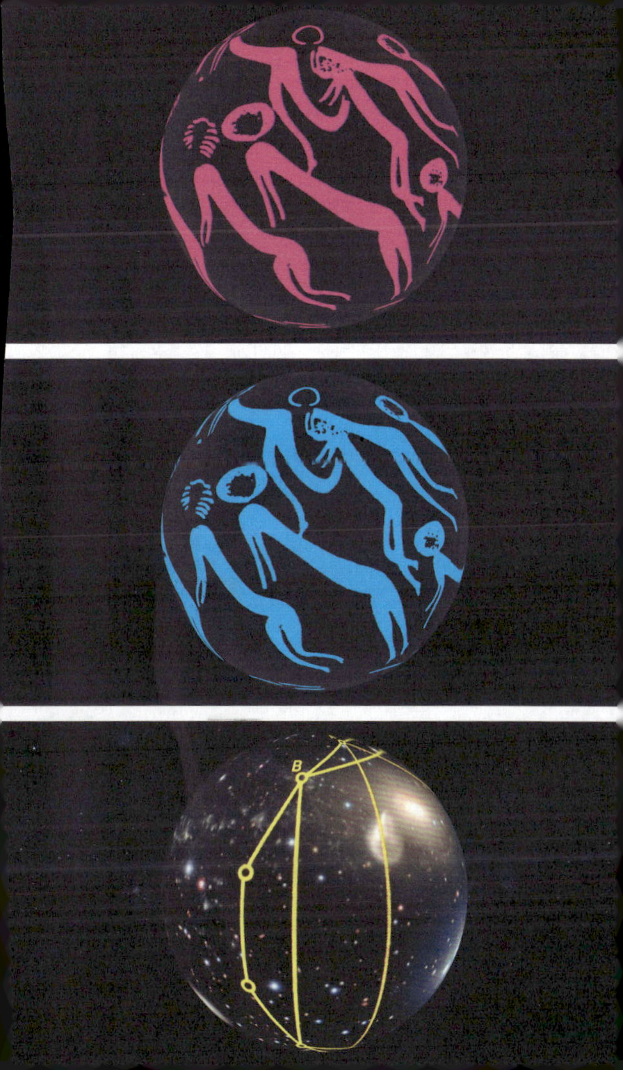
B

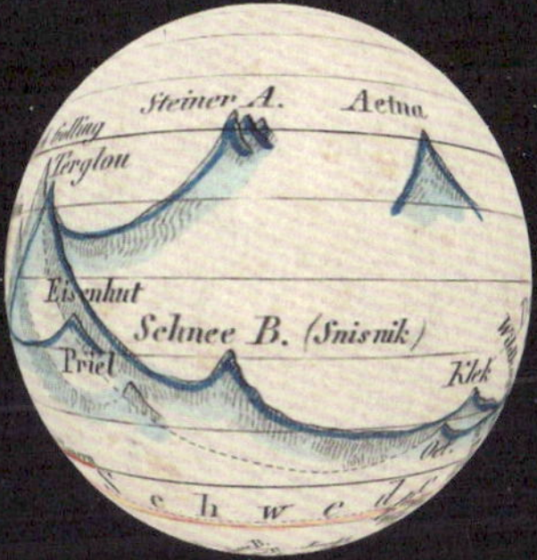
Steiner A.
Aetna
Terglou
Eisenhut
Schnee B. (Snisnik)
Priel
Klek

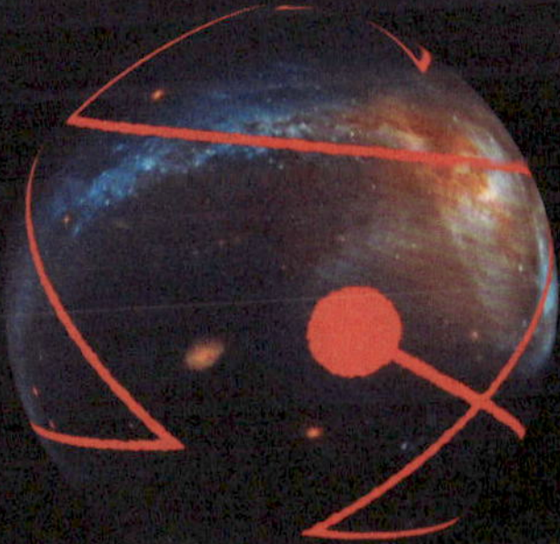

$\frac{1}{8n+5} - \frac{1}{8n+6})$

Alexander Kluge

Ich habe, was ich eigentlich vorhatte, nicht erfüllt. Ich müsste noch, das steht auf meinem Zettel, fünf Rückrufe erledigen. Ich werde kein Glück haben, wenn ich das nicht ausführe. Ich habe den Schreibtisch im Schlafzimmer nicht aufgeräumt, mein Anzug ist zerknittert, ungebügelt. Mein Aberglaube und mein Gefühl für Intaktheit, Unversehrtheit sagen mir: Ich muss Ordnung schaffen, ich muss meine Pflicht tun. Immanuel Kant: »Pflicht, wunderbarer Gedanke [...], vor dem alle Bestrebungen stumm sind, so verborgen sie sich auch auflehnen: Woher stammst Du?«

Eine ganze Stunde habe ich heute früh verloren: Mißmut aufgehäuft, keine gute Hand gehabt, Nachrichten trafen ein, alle ungünstig. Das verlief so, bis ich bemerkte, dass ich die falsche Cordhose trug (die mit den angenähten Stoßkanten unten). In dieser Hose hatte ich nie Glück. Die richtige Hose ist im Innenfutter graukariert, daran leicht zu unterscheiden. Ich wechselte die Kleidung. Und sogleich gelang alles, was ich geplant hatte, auf gute Weise. So sind Aberglauben und Glücksversprechen der Antrieb meines »Pflichtgefühls«.

Kant behauptet von der Pflicht, dass sie »ihr nacktes Gesetz der Seele vorhält«. Sie ernte »ohne irgendwelche Drohung« stets »Ehrerbietung, wenn auch nicht immer Gehorsam«. Auf diese Texte Immanuel Kants stützt sich Darwin. »Kein Stamm könnte existieren [...], wären Mord, Verrat usw. allgemein; folglich werden solche Verbrechen innerhalb desselben Stammes mit unauslöschbarer Schande gebrandmarkt.« Hierauf beruhe die Abstammungslinie der KOOPERATION. Darwin trieben Zweifel um, wie sich dieser Endzustand in der menschlichen Entwicklung (eine Senkung der Aggressionsgrenze) zu den Regeln der Evolution verhielte. Lebenslang suchte er nach Indizien für die Einzelschritte. Die Entdeckung großer Massen eingeschlagener Schädel in Höhlen Südafrikas, von denen er in der Royal Society hörte, gaben für die »Genese der Gutartigkeit« wenig Anhaltspunkte.

Die Knochen von 5000 Pferden am Ufer der Saale, die der Neodarwinist Bernd Rückert im Auftrag des Zentralkomitees der Deutschen Einheitspartei zu bewerten hatte, deuteten auf einen »Übermut des Tötens« hin. Soviel Fleisch konnten die Altvorderen nicht vor Ort vertilgen und auch nicht räuchern oder auf sonstige Weise konservieren. Kein kooperatives Verhältnis zwischen Mensch und Tier, was, so Rückert, darauf hinweist, dass der Jägerstamm, der das Massaker vollzog, auch in der eigenen Gruppe, im Verhältnis zueinander, unzureichend mit Pflichtgefühl bevorratet war. So blieb die Ableitung der »Pflicht ohne die Lust«, wie das BEGEHRUNGSVERMÖGEN ÜBERHAUPT, von unklarer Herkunft. Sie gehörte aber doch zum PFLICHTENHEFT für den Aufbau des Sozialismus.

"Genosse Zufall
und
das Glück"

Kant

KANT UND DIE »DREI COUSINEN DER VERNUNFT«

Bei einem seiner Mittagessen mit Gästen, die bis zu drei Stunden dauern konnten, setzte Kant nach Abräumen des Nachtisches zu einer längeren Ausführung an. Die Vernunft, sagte er, sei ein Lebewesen, das sich nur *in Gesellschaft* seiner Kräfte versichere. Ohne die Gesellschaft Nicht-ganz-Vernünftiger liege sie wie im Sand eines leeren Aquariums, ein Fisch ohne Wasser, und verdorre. Die russischen Offiziere bezogen die Aussage »nicht-ganz-vernünftig« auf sich selbst. Sie fühlten sich aber nicht beleidigt. Auch hatte der Alkohol den Aggressionspegel aller Teilnehmer gesenkt.

Es gebe, fuhr Immanuel Kant fort, drei »natürliche Kumpane« oder »Anverwandte« der Vernunft, die unter den Begleitern der Vernunft anzutreffen seien, ohne selbst Vernunft zu sein: die Musik, das Glücksspiel und das Gespräch nach Tisch. Die Runde der Russen applaudierte. Sie empfanden es, an französischen Romanen geschult, als Auszeichnung, dass der Philosoph, offenbar gesättigt, so ausführlich zu ihnen sprach. Für »Musik« nannte er als Beispiel einige populäre Potpourris, die in Königsbergs Konzertsälen gerade aufgeführt wurden. Er kannte die Stücke nicht selbst, sondern hatte im Blatt von ihnen gelesen. Vor der Musik hatte er wenig Respekt. Als Beispiel für Spielleidenschaft nannte er die

Karten. Und für das Gespräch nach Tisch das Antippen philosophischer Gedanken, »so wie man in der Sommerhitze den Fuß in einen kalten Bach tunkt und Wohligkeit vom Fußknöchel bis zum Halse infolge des Kältestoßes empfindet«.

Einer der Russen, Rittmeister in der Garde der Zarin, der alles, was er hier am Tisch erfuhr, gern aufgeschrieben, ins Französische übersetzt und in St. Petersburg in Druck gegeben hätte, so sehr liebte er die Vernunftausübung, fühlte sich zu einer Erwiderung hingerissen. Er fordere, sagte er, *Autonomie* für die Musik (und er nannte hierzu Komponisten) und eine *Zügelung* der Kartenleidenschaft. Er nannte hohe Beträge, die er durch das »Zufallsregime des Kartenspiels« verloren habe, ohne im Tausch dafür eine *Einsicht* zu erhalten. Auch den Entschluss, mit dem Spiel aufzuhören, habe ihm »diese böse Bettgenossin der Vernunft« schwergemacht.

Das Gespräch wandte sich in einem der raschen Sprünge, die für das »Schöne-Reden-nach-Ende-der-Mahlzeit« charakteristisch sind, dem Thema zu, ob sich republikanisches Bewusstsein, Tugend im altrömischen Sinne, auf Liebe und Attraktion der Geschlechter zueinander gründen ließe. Einige der neueren Romane Frankreichs schienen das auszuschließen. Was ist das Wurzelwerk, aus dem (selbst in Monarchien) der republikanische Geist, sozusagen als ein spirituelles Getreide, heranwächst? Wie würden »innere Zuwendung«, »Empathie«, »Nähe«, »Erlaubnis, die Geschlechtswerkzeuge des anderen zu gebrauchen oder die eigenen von diesem gebrauchen zu lassen«, wären sie dem Korn oder der Nahrung zu vergleichen, gedroschen, gemahlen, und in welchen Öfen würden sie gebacken? Kant hielt sich bedeckt. Es ging auf vier Uhr nachmittags zu. Auf Tabletts wurde ein herbstlicher Grog gereicht. Hier oben im Norden wurde es schon merklich kühler.

PUISSANCE
DÉMOLITIO
DE LA BASTIL
10 AOUST
NOBLESSE
ÉGALITÉ DE RANGS

COURAGE
CAFFÉ
ÉGALITÉ DE COULEURS

FRATERNITÉ
DIEU SEUL
THALMUD
CORAN
LIBERTÉ DES CULTES

LUMIÈRE
MORALE
RELIGION
PHILOSOPH.
POLITIQUE
PHISIQUE
HISTOIRE
LIBERTÉ DE LA PRESSE

INDUSTRIE
PATENTES
LIBERTÉ DES PROFESSIONS

JUSTICE
LA
LOI
POUR
TOUS
ÉGALITÉ DE DROITS

Oskar Negt über den Gegenspieler Kants in Königsberg, Johann Georg Hamann, den »dunklen Philosophen« (Ernst Jünger)

magus des nordens wurde der Königsberger Philosoph Johann Georg Hamann genannt /

Eines seiner Werke, Immanuel Kant gewidmet, heißt: »höllenfahrt der selbst-erkenntnis« /

Das Leben, die Selbsterfahrung, das Verborgene und das Dunkle interessieren Hamann /

Sein Zeitgefährte Kant wird zur Ikone seines Jahrhunderts /

Hamann, ähnlich bewundert, bleibt ein GEHEIMTIPP

HÖLLENFAHRT DER SELBSTERKENNTNIS

Dunkle Wolken ziehen über eine Landschaft / das Meer / der Text: »Wie Weimar Goethe und Schiller, so hatte Königsberg Hamann und Kant / Kant spricht von Hamanns ›Göttersprache der anschauenden Vernunft‹ « / Ernst Jünger, *Strahlungen II*, Paris, 17. September 1943.

KLUGE Neben dem großen Immanuel Kant gibt es in Königsberg gleichzeitig Johann Georg Hamann, den Magus des Nordens. Was ist das für ein Mensch?

NEGT Hamann ist sechs Jahre jünger als Kant, wächst in Königsberg auf und baut neben der Kantschen Geselligkeitstafel eine zweite Tafel auf, ist also ein sehr geselliger und weltoffener Mensch. Er hat zahlreiche Reisen gemacht, ist ein vielseitig gebildeter Mann, aber sehr darauf bedacht, seine Ideen auf seine Lebensweise zu beziehen. Er gehört zu den ersten Existentialisten im Denken: Für ihn ist Wahrheit nicht etwas, das über den Köpfen und nur durch die Köpfe läuft, sondern eine Art Dokumentation auch des eigenen Lebens. Das ist natürlich nicht ganz einfach in der damaligen Zeit, selbst Kant wurde sehr spät als Professor berufen, hat aber nichts anderes erstrebt als dieses Amt. Hamann hat viele Berufe versucht, schließlich ist er als

Packhofverwalter vermittelt worden, aber auch nur durch Protektion von Kant und anderen.

KLUGE Zollverwaltung

NEGT Er hat dort eine gewisse Ruhestellung gehabt. Hamann war ein eigensinniger Mensch, ein hochanerkannter Philosoph, von Zeitgenossen wie Goethe und Herder bewundert – Herder betrachtet sich als Schüler von Hamann –, aber beruflich völlig aus dem Gleis geraten, auch mit der Kirche nicht in Frieden.

KLUGE Er lebt in wilder Ehe.

NEGT Er heiratet nicht, lebt mit der Magd seines Vaters, der Arzt war, zusammen und hat vier Kinder. Er ist eine sehr bedeutsame, merkwürdige Figur der Philosophiegeschichte.

KLUGE Er heiratet nicht wegen der Widersprüche der Ehe.

NEGT Er verneint diese Form der Legalisierung durch eine Ehe.

KLUGE Auch Christus und Maria Magdalena haben nicht geheiratet.

NEGT Es gibt viele Beispiele innerhalb des Christentums und in der Philosophie sowieso, dass eine Heirat nicht notwendig ist. Hamann lebt ein bißchen vor, was Kierkegaard, sein eigentlicher Schüler, später in seiner Schrift *Entweder/Oder* sagt: Heirate, und du wirst es bereuen, heirate nicht, und du wirst es auch bereuen.

KLUGE An Immanuel Kant schreibt er am Schluss seines großen Briefes »Höllenfahrt der Selbsterkenntnis«: »An Immanuel Kant. Die Wahrheit wollte sich von Straßenräubern nicht zu nahekommen lassen. Sie trug Kleid auf Kleid, daß man zweifelte, ihren Leib zu finden. Wie erschraken sie, da sie ihren Willen hatten und das schreckliche Gespenst, die Wahrheit, vor sich sahen.« Er hat dunkle Texte, ist gelegentlich wie ein Romantiker.

NEGT Er ist auch als Romantiker verstanden worden.

KLUGE Das ist falsch.

NEGT Er ist auch ein Sohn seiner Zeit, das heißt in einem sehr gründlichen Sinne Aufklärer.

KLUGE Er ist Aufklärer in einem praktischen Sinne: Die Empfindung wälzt sich um, die Verhältnisse wälzen sich um, eigentlich alles?

NEGT Er gehört zu den ersten, die die *Kritik der reinen Vernunft* gelesen und kritisiert haben, und zwar aus Gründen, die mit seinem Leben etwas zu tun haben. Die Trennung von Sinnlichkeit und Verstand ist ein Grundprinzip der Kantschen Philosophie, auch wenn Sinnlichkeit und Verstand konstitutive Elemente der Erkenntnis sind. Aber sie sind nicht aufeinander transponierbar. Das ist ein Punkt seiner Kritik an der Kantschen Philosophie.

KLUGE Was sagt er da?

NEGT Er sagt: Die Sinnlichkeit hat Elemente der Erkenntnis und des Verstandes.

KLUGE Der Verstand ist sinnlich, hat einen leidenschaftlichen Kopf, sonst ist es kein Verstand?

NEGT Die Sprache selbst vermittelt Sinnlichkeit und Verstand. Wenn ich a priori sage, muss ich a posteriori sagen, wenn ich intelligibel sage, muss ich sagen, dass es empirisch ist. Die Sprache ist das eigentliche Element des Denkens, und Sprache vollzieht sich wesentlich dialogisch. Deshalb auch Hamanns Neigung zu Sokrates und der sokratischen Tradition.

KLUGE So heißt eine seiner Schriften: *Sokratische Denkwürdigkeiten*. Da beschreibt er, dass Sokrates, wenn er die dunklen Texte des Heraklit las, sehr genau unterschied: Dies verstehe ich nicht, dies verstehe ich, und jetzt schließt er von dem, was er versteht, auf das, was er nicht versteht, weil er es mag, und sagt: Es muss schon etwas Bedeutendes auch sein.

NEGT Es ist eine Annäherung an Wahrheit, im guten sokratischen Sinne nicht der *sophia*, also der Weisheit, sondern der *philosophia*, also der Liebe zur Weisheit, der Annäherung. Für ihn sind es Annäherungen, philosophische Brocken …

KLUGE Erklärung des Titels: »Brocken über die Unvollkommenheit des Lichtes«.

NEGT So ist es. Das ist ein hochmoderner Gedanke, der eigentlich erst bei Kierkegaard wiederauftaucht – sein Hauptwerk heißt *Philosophische Brocken*. Die Fragmentierung, die Hamannsche Annäherungsweise, das Sokratisch-Dialogische gibt es später auch bei Nietzsche. Kant sieht das anders. Für Kant ist nicht Sokrates der entscheidende Philosoph, sondern Plato, gleichsam die Schichtungen, die da sind, das Wissen, die Sicherheit der Erkenntnis. Kant denkt unter Sicherheitskriterien und sagt: Was ich nicht sicher beweisen kann, das kann ich nicht wissen, aber es mag notwendig sein. Für Gott, Freiheit, Unsterblichkeit, da habe ich keine Existenzbeweise, aber die Menschen können nicht darauf verzichten: Es sind deshalb Postulate der reinen Vernunft.

KLUGE Und da sagt Hamann?

NEGT Bei Hamann sind die Grenzbestimmungen nicht sicher. Kant ist der Grenzzieher.

KLUGE Hamann interessiert sich für Wahrheit, die im verborgenen liegt. Er spricht den Leser an als einen, der schwimmen lernen muss, der sich nicht in eine Arche Noah verfrachten kann, sondern er muss selber schwimmen lernen.

NEGT Für Kant ist das Dunkle eher etwas, das er dem Überschwänglichen zurechnet. Wenn jemand anfängt, in der Seele zu wühlen, um da irgendeine Wahrheit festzustellen, die weder zu sehen noch im Beweisverfahren zugänglich ist, dann würde er sagen: Der laboriert im Überschwänglichen.

KLUGE Das ist aber gerade das Lebenselixier für Hamann, der von perspektivischem Unebenmaße handelt und sich für die verborgene Wahrheit interessiert.

NEGT Und deshalb ist es kein Zufall, dass Hamann ein Bekehrungs- oder Erweckungserlebnis hat, ein christliches. Er will nämlich den Stern von Bethlehem gesehen haben, und daraus ergibt sich so etwas wie ein pietistisch-radikalisiertes Christentum, das heißt ein Lebens-Christentum.

KLUGE Aber er verläßt es auch wieder?

NEGT Aufrichtigkeit, Durchsichtigkeit, das Aufrichtige ist eigentlich das, wonach er sich zu verhalten versucht.

KLUGE Die Haltung ist wichtiger als der Gedanke?

NEGT Jedenfalls ist beides unabtrennbar. Kierkegaard, der ja zunächst Schüler von Hegel in Berlin war, hat das entsprechend kommentiert: Hegel baut sich riesige Systeme auf und wohnt daneben in einer Hundehütte. Da würde Hamann sagen: Genau, das machen die Philosophen.

7

Die näheren Umstände der moralischen Kraft

und andere Geschichten zum Begriff der Arbeit

DIE NÄHEREN UMSTÄNDE DER MORALISCHEN KRAFT

ERFAHRUNGEN EINER SOWJETISCHEN FEUERLÖSCHBRIGADE AUS KIEW IM JAHRE 1941[1]

> »Alles, was die Menschen in Bewegung setzt, muß durch ihren Kopf hindurch, aber welche Gestalt es in den Köpfen annimmt, hängt sehr von den Umständen ab.«
> – Friedrich Engels

Es war nicht Mut, auch keine bestimmte Moralauffassung, die dazu führten, dass sich die sowjetische Feuerwehrbrigade Kiew mit 216 Fahrzeugen ostwärts über den Dnjepr absetzte, um Mannschaften und Fahrzeugpark dem Vorstoß der faschistischen Horden zu entziehen. Ebenso ist es kein Mut, und auch keine bestimmte Moralauffassung, sagte der Adjutant des Feuerwehrchefs, dass wir, als wir aus der Entfernung des anderen Ufers die Brände sahen, uns in hoher Geschwindigkeit mit dem Konvoi über die Brücken zurückbegaben, in die Stadt zurückfuhren. Das war eine Entscheidung des praktischen Handwerks und nicht einer geistigen, höheren Regung, wie es die Moralität ist.

Der Adjutant, S. I. Antonow, hatte einen Tee zubereitet. Der ihn befragende Publizist Jagorski

1 Übersetzung aus dem Russischen durch Sergej F. Shilin.

tunkte Zucker in den Tee und legte ihn auf die Zunge.

JAGORSKI Wollen Sie sagen, das steckt sozusagen in den schnellen Fahrzeugen drin?

ADJUTANT Genau. Es hing ab von dem Blick aufs Ganze, den wir *nicht* hatten, während wir in den 13 Stunden seit Alarmierung gewissermaßen *eilfertig* am einzelnen Gebäudeblock löschten, Schneisen schlugen: wir sahen zu dem Zeitpunkt nicht den Brand, sondern das Objekt. Wir blickten sozusagen mit Schläuchen und nicht mit den Augen. Das brachte die Absetzbewegung zustande, dass wir Kiew als Ganzes in Brandwolken sahen.

J Sie behaupten, dass sich daraufhin die wohlausgerüsteten, wenn auch schon verbeulten Fahrzeuge wie von selbst zur Front, die Sie eben verlassen hatten, in Bewegung setzten?

A Ich leugne nicht, dass Mannschaften und Führungskader darin saßen.

J Aber das handwerkliche Element, das das Ausmaß der Brände sah, fuhr sozusagen mechanisiert auf dieses Gesamtobjekt zu?

A Dafür waren wir ausgebildet. Die Gerätschaften waren genau für diesen Zweck da.

J Sahen Sie die Deutschen?

A Wir fuhren an ihnen vorbei.

J In welcher Geschwindigkeit?

A Geschwind.

J Hatten Sie nicht die Befürchtung, von den vorstoßenden deutschen Truppen gefangengenommen, beschossen zu werden, ihnen in den Rachen zu fahren?

A Wir sahen nicht hin.

J Aber Sie sahen, dass es deutsche Truppen waren, die vorgingen?

A Wir fuhren ja durch sie durch.

J Wie reagierten die Deutschen?

A Erstaunt. Etwas begriffslos.

J Schossen sie?

A Nein. Es war ja klar, dass wir zu den Brücken wollten.

J Sie meinen, dass die Deutschen Ihre Fahrt innerlich billigten, immerhin 216 Fahrzeuge, mit roten Sternen gekennzeichnet, die in die Stadt hineinwollten?

A Sie stutzten, riefen uns an, und wir waren schon als einzelnes Fahrzeug vorbei.

J Aber als Kolonne?

A Löste wohl Verwunderung aus.

J Sie sagten aber, Sie hätten gar nicht hingesehen?

A Wir sahen den Brand, den wir aus 5 km Entfernung als Ganzes noch im Auge hatten.

J Ihre Augen hatten deshalb keine Zeit, jetzt Beobachtungen anzustellen?

A Nein. Einerseits Trümmerstellen, Trichter, die Kolonnengeschwindigkeit halten, andererseits das Objekt im Auge, das inzwischen nicht mehr zu sehen war vor lauter Details.

J Sie können also gar nicht sagen, was die Deutschen dachten, wie sie reagierten?

A Doch. Wir beobachteten ihre Haltung, um sofort zu reagieren.

J Was hätten Sie getan, wenn die Deutschen Sie beschossen hätten?

A Teilweise geschah das, wir unterfuhren das Feuer.

J Eben noch sagten Sie, die Deutschen hätten erstaunt hingesehen, aber nicht geschossen.

A Das haben Sie falsch verstanden. Selbstverständlich warfen sich einige, nach Überwindung ihrer Verwunderung, zwischen die Fahrzeuge. Sie wurden überfahren.

J Sie sagten es vorhin anders.

A Es war auch insofern vielschichtig, als sie die Hauptsache nicht verhinderten. Dies führen wir darauf zurück, dass unser Einsatz vom handwerklichen Standpunkt gesehen plausibel war und vom Gegner verstanden worden ist. Das hielt ihn hin.

J Hatte der Gegner Zeit, sich von seiner Verblüffung zu erholen?

A Sie sehen das nicht richtig, weil Sie nicht dabei waren. Der faschistische Feind kann in seinen vereinfachenden Gedankengängen nicht ruckartig von »Verständnis«, gleich, worauf sich das bezieht, auf »Eröffnung der Feindseligkeiten« umprogrammieren, wenn sich das »Verständnis« auf etwas bezieht, das an sich nichts »Feindseliges« ist. Wir wollten ja *löschen*.

Er muss dann, rein von der kriegerischen Tüchtigkeit her, erst innerlich schalten. In *dieser* Aufstellung seiner Motive kann er nichts gewinnen, auch wenn er zahlreich und bewaffnet ist. Seine Gewehre haben dann keine Tendenz, gewissermaßen von selbst loszuschießen. Inzwischen waren wir vorüber.

J Sie sagten, Sie hätten gar nicht hingesehen, entwickeln aber eine detaillierte Theorie, was die Reaktion der Deutschen ist. Wie vereinbart sich das?

A Es ist nicht zu vereinbaren. Sie müssen sich die Kolonne konkret vorstellen. Es sind mächtige und rasche Fahrzeuge, die um die Ecke der Chreschtschatyk jagen, und zwar in einem Bogen oder Schlenker, weil die Trägheit die Fahrzeuge aus der Kurve auf die Bürgersteige trägt. Wir hatten tatsächlich nur zwei Arten von Eindrücken, einerseits äußerst detaillierte, z. B. Vermeidung der Litfaßsäule kurz nach Ecke Chreschtschatyk, die Trottoirkante ist etwa 60 cm vom linken Reifen entfernt, und andererseits einen sehr allgemeinen Eindruck von der Gipfelhöhe der Brandwolke, die wir 20 Minuten zuvor aus der Ferne gesehen hatten. Möglicherweise sahen unsere Augen noch anderes; maßgebend für die Erreichung des Zieles waren die Nebeneindrücke nicht.

J Entspricht es nicht doch einer hohen sozialistischen Moral, durch den Feind hindurch zu den Brandherden zu eilen, diese mit Präzision und vollständig zu löschen und noch die Absetzbewegung über die Brücken zu bewerkstelligen, ohne Mannschaft oder Geräte zu verlieren?

A Ich möchte sagen, dass sozialistische Moral eine besonders hohe Tugend darstellt, für die unter den gegebenen Umständen kein Raum da war.

J Liebe zur anvertrauten Stadt gehört anerkanntermaßen zum Bestand sozialistischer Moral. Hat Sie dies nicht auch bewegt?

A Ich bezweifle, dass dazu Gelegenheit war. Sozialistische Moral, als der höchste der Werte, sitzt gewissermaßen auf dem Podium. Dazu braucht man einen Saal, Zeit zur Einberufung der Versammlung, Eröffnung, Referat usf. Dies alles konnte nicht stattfinden.

J Was bewegte Sie aber innerlich? Von den Faschisten haben Sie gesagt, dass deren Motive und Eindrücke im gegebenen Moment so aufgestellt waren, dass ihnen nichts gelingen konnte. Was ist die innere Grundlage Ihres Sieges über die Brände von Kiew?

A Wir hatten kein solches inneres Programm, wenn Sie das meinen, da dafür keine Zeit war. Dazu gehört Selbstbewusstsein, wie es die Faschisten an diesem Tage hatten. Dieses Selbstbewusstsein hat sie verwirrt.

J Das Hineinjagen in eine besetzte Stadt, Anwendung der Löscherfahrung und Rückzugsgeschehen sind aber ebenfalls *selbstbewusst*.

A Sie stellen sich das immer noch nicht richtig vor. Eine Kolonne von 216 schnell dahinfahrenden Lösch- und Hilfsfahrzeugen, durch zum Teil trümmerbedeckte Straßen, da eine Bohle, da eine Sperre, wir nähern uns – orientiert an einem Allgemeinbild, das 20 Minuten alt ist und sich, nach Himmelsrichtungen geordnet, auf das Ganze der Stadt bezieht – dem Brandherd, der im Gewirr der Straßen als Gesamteindruck verlorengeht. Wie verteilt sich die Kolonne in Teilgruppen, die zu den einzelnen Brandobjekten fahren? Gehen wir den brennenden Block von den Höfen her an, weil sich die Blockeinfahrt noch passieren lässt, und unterfahren dann ein Stück Brand, oder fahren wir so in eine Falle, falls es nämlich nicht gelingt, den Block zu löschen? Alles das sind detailreiche Führungsentscheidungen, die sich mit Selbstbewusstsein nicht vertragen. Sie erfolgen sozusagen weit unterhalb der Führungskader, die auf Zuruf reagieren und Befehle im nachhinein brüllen als Bestätigung von etwas, das längst geschieht. Sie können das nicht mit dem Kopf machen. Der Kopf als Sitz der Moral fährt den Ereignissen stets hinterher.

J Hätte man in diesem Sinne nicht die deutschen Truppen aus Kiew zurückschlagen können? So wie Sie als Feuerwehrmänner, hätten ja auch die sowjetischen Truppen nochmals in die Stadt hineinfahren können.

A Unbedingt. Wir waren vor Kiew glatt die Überlegenen.

J Und warum der Rückzug?

A Sie sehen auch das vom vereinfachenden Standpunkt des bürgerlichen Selbstbewusstseins: »Die Welt zentriert da, wo ich bin. Ich = Ich. Hier = Hier, wo ich bin. Überlegenheit = Überlegenheit.« Die Schlacht um Kiew ist aber 300 km im Hinterland in der Gegend von Uman entschieden worden, und es macht wenig aus, wie wir – ich meine jetzt die Truppen unserer Seite – uns bei Kiew fühlten oder wie stark wir waren. Sie müssen als die Überlegenen weichen, weil sie als Teil des sozialistischen Ganzen umgangen worden sind. Das *wussten* wir. Nur dass man das nicht *sehen* kann. Andernfalls, das gebe ich Ihnen zu, hätten wir Auswege gefunden, die es ermöglicht hätten, Kiew zu halten. Es fehlte uns nicht an Erfindungsgeist. Das Problem ist, dass man die Niederlage nur auf Landkarten einzeichnen kann, man sieht sie nicht wie die Brände.

J Erhielten Sie für Ihren Einsatz später eine Belohnung?

A Nein.

J Wurde nicht bekannt, was Sie geleistet hatten?

A Es war eine isolierte Lebensäußerung, keine Leistung.

J Wieso nicht?

A Vielleicht war es nicht wichtig, zu löschen. Man versorgte die deutschen Kommandos mit Quartieren.

J Vom Klassenstandpunkt der Bewohner aus ist das nicht korrekt gesehen.

A Das ist schwierig zu beurteilen. Es war mehr eine Instinkthandlung.

J Vom Standpunkt der sowjetischen Propaganda aber eine tapfere Tat.

A Trotzdem keine Belobigung.

J Und warum, nehmen Sie an, erfolgte diese nicht?

A Weil wir nicht mehr erreichbar waren.

J Wieso nicht? Sie hatten sich doch abgesetzt.

A Ja. Wir durchbrachen jetzt in drei parallelen Kolonnen, um die Geschwindigkeit zu erhöhen, die deutschen Linien nach rückwärts.

J Die schossen hinter Ihnen her?

A Eifrig. Doch die Wassertanks waren leer.

J Und wieso waren Sie dann nicht mehr zu erreichen?

A Wir verloren unsere Funktion.

J Wurden strafweise abgesetzt?

A Nein. Wir befanden uns nun in der Steppe. Dort gab es nichts zu löschen.

J Die Benzingutscheine wurden Ihnen abgenommen?

A Wir fuhren 300 km. Es gelang aufzutanken. Es gab hier im flachen Land keine Aufgabe für eine kombinierte Löschkolonne.

J Was taten Sie?

A Wir wollten nach Kriwoi Rog.
J Ihre Absicht dort?
A Den Wert der kombinierten Kolonne erhalten, was nur für ein großes Objekt lohnend ist. In einem Dorf hat eine kombinierte Kolonne von 216 Lösch- und Hilfsfahrzeugen keinen Zweck. Ein Dorf kann gar nicht so brennen, wie wir löschen können.
J Also lösten Sie sich auf?
A Das hätte den Wert des Löschkombinats zerstört. Genau den versuchten wir zu erhalten.
J Und wieso kamen Sie nicht bis Kriwoi Rog? Hatten Sie kein Benzin mehr?
A Doch. Davon erhielten wir, soviel wir wollten. Die Depots waren froh, das Benzin loszuwerden.
J Dann konnten Sie doch fahren.
A Uns überfielen in der Steppe *Zweifel*.
J Woran?
A An dem inneren Wert einer kollektiven Löschkolonne. Wir lösten uns auf.
J Das war schade.
A Fanden wir auch. Wir vermochten unsere Zweifel in dem flachen weiten Land nicht zu bezwingen.
J Was hieß die Auflösung praktisch?
A Je zwei Fahrzeuge schlossen sich einer zurückmarschierenden Division an. Damit war das Löschkombinat zerfallen. Wir löschten noch jeweils einzelne kleine Objekte.
J Warum hielten Sie nicht zusammen?

A Das ist eine Frage des Selbstgefühls. Die Fahrzeuge wollten nicht mehr in der Steppe. Wenn wir Trecker gehabt hätten, die langsamer waren, wären wir eine landwirtschaftliche Kolonne geworden, die Kornbestände rettet.

J Sie hätten Ihre leeren Tanks mit Korn beladen? Es fließt aus den Silos nach den gleichen Gesetzen wie Wasser?

A Und wie hätten Sie die Tanks anschließend wieder von den Spelzen gereinigt?

J Das weiß ich als Nichtfachmann nicht.

A Unser Selbstwertgefühl hielt uns davon ab, die Fahrzeuge in dieser Weise zu beschädigen.

J Sie sprechen von Selbstbewusstsein und Selbstwertgefühl, was ist der Unterschied?

A Das Selbstwertgefühl bezieht sich auf die Leistung der Schläuche, Fahrzeuge und Aggregate.

J Sie sprechen davon mit einem skeptischen Unterton?

A Es gibt einen subjektiven Überhang gegenüber der Eigentätigkeit der Maschinerie. Wir hätten auf diese vertrauen müssen.

J Von den Maschinen lernen?

A Gewiss. Dann wären wir zusammengeblieben.

J Und Sie wären belohnt worden?

A Ja, weil wir dann erreichbar gewesen wären.

SOWJETISCHE PATRIOTEN von 1941

Es geschah in Kiew im Sommer 1941 - -

Die Genossen der motorisierten Feuerwehrbrigade

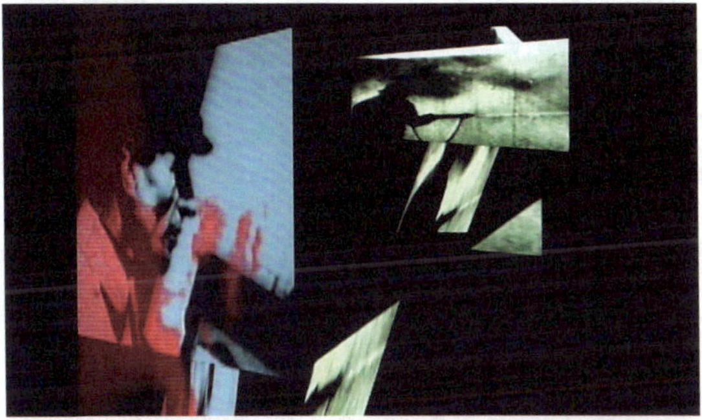

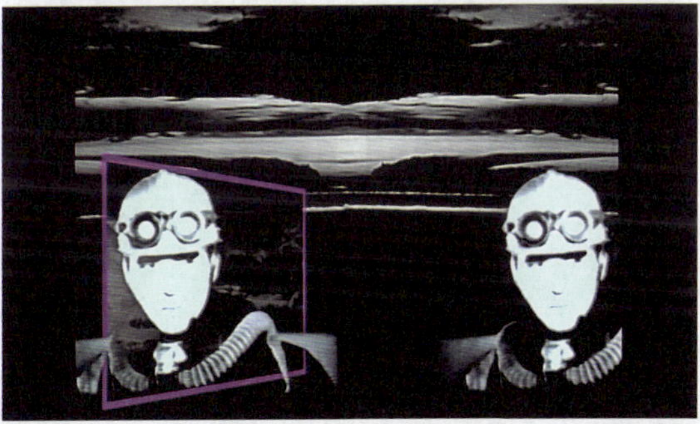

Antonow von der
Feuerwehr - -

KANT UND DER ROTE MANN

In der Zeit, in welcher die Truppen der Zarin Elisabeth Königsberg besetzt hielten, sah Immanuel Kant in einem Zirkus einen ROTEN MANN. Nach der Vorstellung ging er auf der Suche nach diesem Indianer in Begleitung Hamanns und eines russischen Offiziers in die Ställe und Nebenzelte. Hamann hatte er gebeten, für die Übersetzung zu sorgen, da er davon ausging, der Zirkusmann aus dem weiten Westen spreche Englisch. Der Rote, endlich entdeckt unter den Pferdepflegern und damit beschäftigt, den Tieren Futter vorzulegen, erwies sich als ein kostümierter Russe aus der Gegend des Altai-Gebirges, einige Brocken Deutsch verstand er. Jetzt war der russische Offizier behilflich. Kant hatte nach einer authentischen Auskunft gesucht, die seine Annahme stützte, dass das weltbürgerliche Verhältnis eines jeden Menschen, also auch das eines Mitglieds der wandernden Völker, einen Punkt auf der Erde voraussetze, auf den er ein Recht habe seinen Fuß zu setzen. Das war die Herleitung des naturrechtlichen Eigentums aus der Tatsache, dass der Planet einen Gegenstand darstellt, der sich selbst gehört, noch ehe Rechtsansprüche einem Menschen das Eigentum am Boden ganz entziehen könnten. Mensch und Erde seien in ihrem Verhältnis reziprok, so Kant; beide könnten sie nie vollständig enteignet werden.

Der Tierpfleger und Dresseur aus Russland bestätigte, dass er aus einem Clan stamme, der nomadisiere. Er verstand Kants Äußerung vom »Recht eines Menschen auf ein Stück Boden, auf den ich den Fuß setzen kann«, zunächst gar nicht. Mit dem Fuß häufelte er einen Kreis aus Heu auf den Stallboden. Er meinte, in bezug auf diesen Kreis, das brauche er für den Fuß eventuell hier im Zirkus wie überhaupt in der Stadt. Kaum brauche er so etwas aber dort, wo er geboren und aufgewachsen sei. Eher, und das deutete er mit Gesten an, würde er sein Haupt zum Schlaf auf einen festen Punkt legen wollen. So denke auch seine Familie. Als Eigentümer aller vier Horizonte, auch des Himmels, des Wetters und der zahlreichen Wasserläufe unter der Erde, würde er mit all seinen Seelenkräften eher seinen Platz auf dem Sattel seines Lieblingspferdes als irgendeinen festen Punkt des Bodens verteidigen.

Trotz der Gegenrede des Nomaden sah sich Kant, wie er zu Hamann sagte, in seiner Ansicht bestätigt, dass die Kategorie des Eigentums sich auch in Wandergesellschaften aus dem Verhältnis zur Erde ergebe: Bei Höhlenbewohnern (also Bauern oder Städtern) durch direkten Besitz eines Stücks Erde, also eines Grundstücks; bei Präriebewohnern erstrecke sich der Punkt aufs Ganze, also auf Ebenen, Flüsse, den Horizont. Das hatte er für die INDIANISCHEN NOMADEN, von denen er noch nie jemanden gesehen oder gefragt hatte, so angenommen, und es wurde ihm als zutreffend durch den OSTNOMADEN bestätigt, da alle Menschen auf der Erde, was das Naturrecht betrifft, gleiche Eigenschaften besitzen. Der Unterschied zwischen dem echten und dem kostümierten Zirkusmann schien dem Philosophen in dieser Hinsicht bloß zufällig.

DIE VERLETZUNG DER MENSCHENWÜRDE IN UNS SELBST

Im konservativen Milieu der Universität Marburg lebte 1941 der Theologe Tobias Teikner, auch Kirchengeschichtler und promovierter Philosoph (Neukantianer), außerdem als Tacitus-Interpret und Philologe in der Wissenschaft geschätzt. Er riskierte eine Zusammenkunft mit einem jüdischen Gelehrten, der sich unter dem arischen Namen Anton Weber aus Alsfeld tarnte, tatsächlich sich aber als eine Wiedererscheinung des MAK'L, nämlich des Kabbalisten Rabbi Löw, erwies. Verbürgte Wahrheit ist in der Zeit versetzbar. Das gilt für Menschen wie für Steine. Der Neukantianer und Theologe nahm den andersgläubigen Kontrahenten zum Nachtgespräch an. Ein Hauch des Marburger Religionsgesprächs von 1529, das um ein Haar einen religiösen Teilfrieden gebracht hätte, lag über der Begegnung im Krisenwinter 1941.

Gott habe Israel, sagte der Rabbiner, aus freiem Willen und nicht aufgrund des Verdienstes der Propheten auserwählt. Deshalb sei es unrichtig, davon zu sprechen, Gott habe die Juden an die »Gewalten des Dritten Reiches« ausgeliefert. »Israels Erniedrigung« sei ein Zeichen, aber es sei theologisch nicht lesbar, weil der freie Wille Gottes sich einer solchen Lesbarkeit entziehe. Ein Volk verfüge über einen natürlichen Ort.

Die Trennung von diesem natürlichen Ort bewirke einen zerstörerischen Einfluss, aber nicht nur für das in den Exodus getriebene Volk, sondern für die gesamte Weltordnung. Dies sei geschehen mit der Zerstörung des Tempels in Jerusalem durch Titus im Jahre 70 n. Chr. Verblieben sei nach der Zerstreuung die Einheit des Volkes im Wort. Jede Zerstörung dieser Einheit durch Terror umfasse eine weitere »Zerstörung des Tempels«. Ein jedes solches Geschehen bewirke eine Schändung für denjenigen, der die Zerstörung verursache. Der Marburger Theologe, Verwalter eines Restbestandes der einst machtvollen protestantischen Tradition und vermutlich Wiedererscheinung des großen Philipp Schwartzerdt, genierte sich heftig, dass er mit diesem Mann, der ihm gegenübersaß und mit dem er die Stunden durchwachte, keinen Bund schließen und ihm auch wenig Praktisches antworten konnte. Er las dem Gast eine Formulierung Immanuel Kants vor, dass jede Untat gegen die Menschenwürde die Würde in uns selbst zerstörte und deshalb eine solche Tat nicht nur gegen das Opfer, sondern gegen den Täter und uns alle wirksam sei. Obgleich dieses Zitat einen ähnlichen Gedankengang wiedergab, wie ihn zuvor der Rabbiner geäußert hatte, schien Teikner die Ebene eines geschriebenen Textes und die eines in Heimlichkeit in sein Haus gelangten Gelehrten, der von der jetzt erst in Gang kommenden Verfolgungswelle sprach, recht different. Zur Wiederherstellung eines Quentchens eigener Würde für sich und die Reste seiner Religionsgruppe lieh er dem Besucher namens Weber sein Fahrrad für die Heimfahrt nach Alsfeld, das die Gestapo später von dem Abstellplatz dort zu ihm zurückverfolgte (er aber leugnete alles ab). Dann gelang es Teikner, noch über protestantische Kollegen, den Rabbiner über Holland auf ein Fischerboot zu schaffen, das ihn an die britische Küste brachte. Alles das waren »Behelfe der armen Hand«. Macht über die Geister besaßen die evangelischen Gemeinden und ihre Hüter nicht mehr, weder zu schützen noch zu verfolgen. So war die »Würde in uns selbst« in dieser Zeit nicht wiederherzustellen (angesichts des kleinen Arsenals möglicher guter Taten). Es bedurfte der ganzen Reserven, über die Teikner in seinem Glauben verfügte, wenigstens den Wirklichkeitscharakter dieser Zeitsträhne zu leugnen. Auch diese Überlegung brachte er in das Nachtgespräch nicht ein, auch sie schien ihm unangemessen.

Man müsse für die Erlösung beten, sagte der Rabbiner, jedoch nicht »zuviel«. Auch sei die Berechnung des Zeitpunkts der Erlösung verboten. Überlegungen in dieser Richtung seien Einmischung in den Willen Gottes. Sicher sei: Unmittelbar vor der Erlösung werde »Israels Erniedrigung größer sein als je zuvor«. Das Zeichen der Erlösung sei nicht anders zu lesen als das für die »Abwesenheit Gottes«.

EINE UNERWARTETE AUSNAHME IN KANTS DENKEN AN EINEM NACHMITTAG

Wo ist der Sitz des Selbstdenkens? Im Verlauf einer seiner Mittagsmahlzeiten äußerte Immanuel Kant, dass die Vernunft den Verstand wie eine Große Lesehalle gebrauche, auch wie eine Poststelle, in der Briefe abgefertigt werden, zugleich wie eine Buchhaltung und nicht zuletzt wie eine Rechnungsprüfungskammer, dass sie aber im Verstand nicht eigentlich »wohne«. Man brauche viel Zuneigung, um die Vernunft, den »zärtlichen Keim«, zu pflanzen und zu hegen. Das Wort *sympathy*, das Hume vorschlage, sei zu schwach. Man müsse die Vernunft *lieben*. Wie eine Geliebte? In enthaltsamer Weise, antwortete Kant, wie eine nahe Verwandte.

Der Philosoph schien an diesem Nachmittag in einer besonderen Stimmung. Durch den Thymos der Tafelnden, eventuell auch durch ein klares Danziger Wasser, war er in Schwung geraten. Er zitierte Spinoza (dessen Auffassungen er sonst nicht teilte). Bei Spinoza aber finde sich eine These, die ihn anrege, dass nämlich die Vernunft ihren Sitz dort habe, wo die Affekte fabriziert würden: Wo die Liebeskraft entstehe, suche die Vernunft ihre Wurzel. Was er hier äußerte, stand im Gegensatz zur Trennung von Erkenntnis und Neigung, die er sonst lehrte. Bei dieser seiner Lehre bleibe es auch, betonte er. Die Vernunft sei unbestechlich und unabhängig vom emotionalen Wasserstand. Andererseits brauche die Erkenntnis selbst einen Antrieb. Da könne die Neugier nicht genügen. Es müsse »Inbrunst« hinzutreten, ein gewaltiges Seelengewitter, das die Vernunft aus ihrem Schlaf treibe.

Ein vernünftiger Elternteil spricht mit dem Kind. Übertragen werden Gedanken und Affekte. Das Vernünftige liegt nicht im Augenblick, sondern in dem, was das Kind später als SELBSTDENKEN von sich aus daraus anfertigt. Ein zweites Bild biete, so Kant, die Leserschaft in Europa. Einer bemüht sich um die Achtung des anderen. Und so entfalten alle gemeinsam eine gewisse HITZIGKEIT DER ANSTRENGUNG, das Vernünftige zu ermitteln. Ein »Schmelzprozess«, der ein ganzes Jahrzehnt oder eine Periode bestimmen kann.

An dieser Stelle warf einer der Gäste, ein russischer Rittmeister aus St. Petersburg, der die dortige Akademie besuchte, eine Bemerkung ein. Die Hitzigkeit seines Gemüts, die er ererbt zu haben glaube, kühle sich ab, wenn sie in ihrer Umgebung auf warmherzige Zuwendung treffe. So sei bei der Vernunftarbeit ein physikalisches Gesetz nicht bestätigt, dass nämlich Wärme Wärme leite. Menschliche Wärme bringe emotionale Kühlung, und diese Kühle sei für Vernunft günstig. Die Ausführung wurde von Kant nicht kommentiert. Die Runde kam, angeleitet von der unstrittigen Autorität des Gastgebers, zu dem

Resultat, dass die Aufenthaltsorte (oder »Gärten«) der Vernunft nicht im einzelnen Menschenträger, sondern in dem Verbindungsnetz gesucht werden müssten, das von zahlreichen Menschen gesponnen werde. Dieses Netz stelle eine eigenständige Republik der Vernunft dar. Dabei sei die Vernunft kein Kunstprodukt, sondern etwas, das die Menschen von sich aus ausschwitzen, etwas Ähnliches, wie es die Poren und die Haut zahlreicher in einer russischen Poststation einsitzender Leute ausströmen, eine dichte, durchaus behagliche Atmosphäre an einem Winterabend. »Draußen ist es kalt, innen ist es warm.«

»Es gibt […] keinen […] skeptischen Gebrauch
der reinen Vernunft […].
Die Vernunft wider sich selbst zu verhetzen,
ihr auf beiden Seiten Waffen zu reichen
und alsdenn ihrem hitzigsten Gefechte
ruhig und spöttisch zuzusehen […]
hat das Ansehen einer schadenfrohen und
hämischen Gemütsart an sich.«

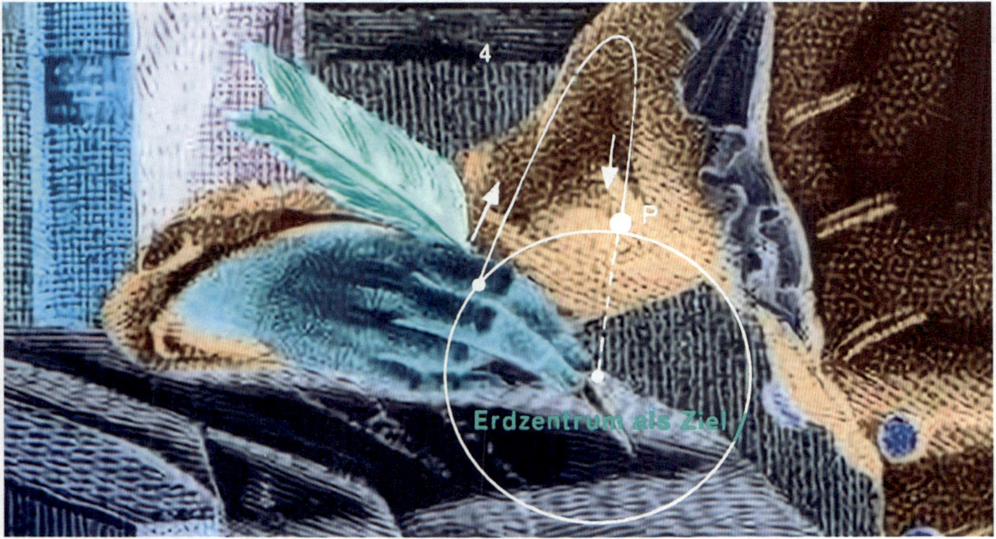
4
P
Erdzentrum als Ziel

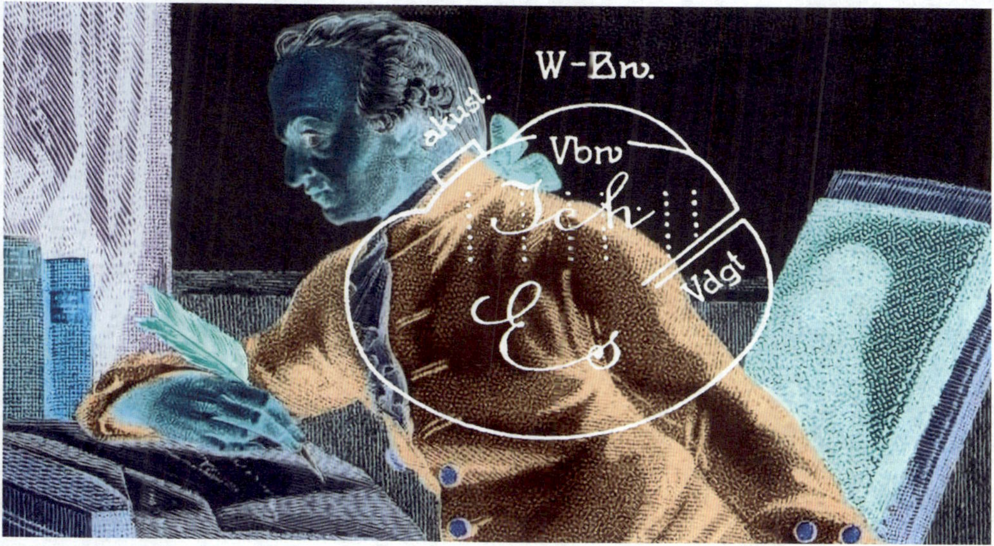
W-Bw.
akust.
Vbw
Ich
Vdgt
Es

DER CHOR DER SINGENDEN BEGRIFFE

»Unter der Regierung der Vernunft dürfen unsere Erkenntnisse überhaupt keine Rhapsodie, sondern sie müssen ein System ausmachen. [...] Das Ganze ist also gegliedert (articulatio) und nicht gehäuft (coadservatio). [...] Der Mathematiker, der Naturkündiger, der Logiker sind doch nur Vernunftkünstler. [...] Die Gesetzgebung der menschlichen Vernunft hat zwei Gegenstände, Natur und Freiheit.«

»Die Vernunft wird durch einen Hang ihrer Natur getrieben, über den Erfahrungsgebrauch hinaus zu gehen [...] und vermittelst bloßer Ideen zu den äußersten Grenzen aller Erkenntnis sich hinauszuwagen [...].«

»Wenn also vorher festgewesenes Wachs schmilzt, so kann ich a priori erkennen, daß etwas vorausgegangen sein müsse (zum Beispiel Sonnenwärme) [...] daß das Sonnenlicht, welches das Wachs beleuchtet, es zugleich schmelze, indessen es den Ton härtet [...] könne kein Verstand aus Begriffen [...] erraten, viel weniger gesetzmäßig schließen [...]. Es gibt aber auch keinen zulässigen skeptischen Gebrauch der reinen Vernunft, welchen man den Grundsatz der Neutralität bei allen ihren Streitigkeiten nennen könnte.«

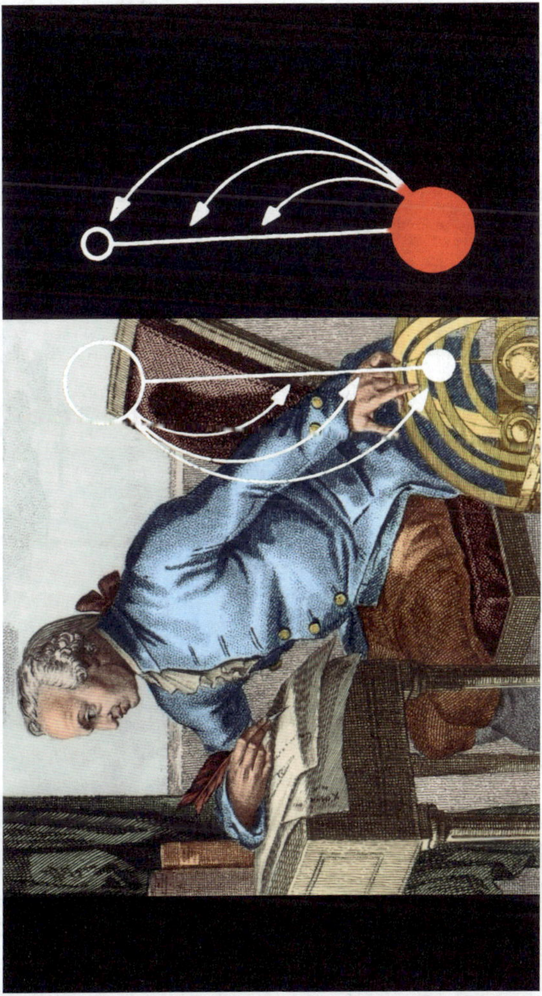

Der Gesamtarbeiter.
Auf einer Installation von Katharina Grosse.
Der Begriff des Gesamtarbeiters wurde von
Karl Marx entwickelt. Er beschreibt die Vorstellung,
dass alle industrielle, ja, auch alle andere
gesellschaftliche Produktion im Zusammenhang
einer zusammenhängenden Kooperation stattfände.
Eine solche »selbstbestimmte, mündige Arbeitskraft«
wäre das »autonome menschliche Subjekt«,
der gesellschaftliche Souverän.

Oskar Negt / Alexander Kluge

SYNTHETISCHE APPERZEPTION UND GESAMTARBEITER

Die Vermutung, dass sich im Marxschen Begriff des Gesamtarbeiters als einer konkreten Totalität, welche die gesellschaftlichen Arbeitsäußerungen nicht addiert, sondern synthetisch zusammenfasst, ein materieller Vorstellungszusammenhang ausdrücke, der in utopischen Gesellschaftsbildern (Bacon, Campanella, Robert Owen, Saint-Simon) ebenso vorgeprägt sei wie erkenntnistheoretisch logisch im deutschen Idealismus, ist in der kritischen Marx-Literatur mehrfach geäußert worden. Nimmt man, in der Entwicklung von Kant bis Hegel, die organisierenden Zentren der Subjekt-Objekt-Beziehungen, also *synthetische Einheit der Apperzeption, Tathandlung, absoluter Geist,* so scheint es nicht schwer zu sein, die in ihnen wirksamen Triebkräfte als Arbeitsprozesse zu enthüllen. Wir sind uns der Probleme durchaus bewusst, die jedem ideologiekritischen Versuch anhaften, Formen der Logik und der Erkenntnis an gesellschaftlichen Verhältnissen zu entziffern oder sie wenigstens soziologisch zuzurechnen. Diese Not ist jedoch kein Grund für die Tugend, die Geltungssphäre säuberlich gegen die Sphäre gesellschaftlicher Genesis abzudichten und an einem wie immer gearteten logischen Absolutismus festzuhalten. Wenn Kant von der Vernunft als dem Gerichtshof oder von der Vernunftkritik als der Sicherung des kulturellen Friedenszustands spricht, dann sind das keine Metaphern. Seine Sätze sind buchstäblich zu nehmen. »Man kann die Kritik der reinen Vernunft als den wahren Gerichtshof für alle Streitigkeiten derselben ansehen; denn sie ist in die letzteren, als welche auf Objekte unmittelbar gehen, nicht mit verwickelt, sondern ist dazu gesetzt, die Rechtsame der Vernunft überhaupt nach den Grundsätzen ihrer ersten Institution zu bestimmen und zu beurteilen. Ohne dieselbe ist die Vernunft gleichsam im Stande der Natur, und kann ihre Behauptungen und Ansprüche nicht anders geltend machen oder sichern, als durch *Krieg*. Die Kritik dagegen, welche alle Entscheidungen aus den Grundregeln ihrer eigenen Einsetzung hernimmt, deren Ansehen keiner bezweifeln kann, verschafft uns die Ruhe eines gesetzlichen Zustandes, in welchem wir unsere Streitigkeit nicht anders führen sollen, als durch *Prozeß*. [...] so wie Hobbes behauptet: der Stand der Natur sei ein Stand des Unrechts und der Gewalttätigkeit, und man müsse ihn notwendig verlassen, um sich dem gesetzlichen Zwange zu unterwerfen, der allein unsere Freiheit dahin einschränkt, dass sie mit jedes anderen Freiheit und eben dadurch mit dem gemeinen Besten zusammen bestehen könne.«[1] Noch deutlicher bezeichnet Kant die synthetisch zusammengefügte Arbeit, soweit sie die Bedingungen der Möglichkeit

1 Kant, *Kritik der reinen Vernunft*, Werke in 6 Bänden, hrsg. von Wilhelm Weischedel, Band 2, Darmstadt 1956, S. 639 f.

objektbezogener intellektueller Arbeit betrifft, an einer anderen Stelle: Dass die Vernunftkritik, »als bloße Spekulation, mehr dazu dient, Irrtümer abzuhalten, als Erkenntnis zu erweitern, tut ihrem Werte keinen Abbruch, sondern gibt ihr vielmehr Würde und Ansehen durch das Zensoramt, welches die allgemeine Ordnung und Eintracht, ja den Wohlstand des wissenschaftlichen gemeinen Wesens sichert, und dessen mutige und fruchtbare Bearbeitungen abhält, sich nicht von dem Hauptzwecke, der allgemeinen Glückseligkeit, zu entfernen«.[2]

Zwei Gesichtspunkte sind von Bedeutung: der der produktiven intellektuellen Arbeit und der ihres inneren Zusammenhangs, aus dem die nutzlose Spekulation ausgeschlossen ist. Was hier als synthetische Einheit auftritt, geht zurück auf die ursprüngliche synthetische Einheit der Apperzeption als den letzten Grund jeder möglichen empirischen Einheit. Kant geht es um die Synthesis des Mannigfaltigen, die der empirischen Synthesis vorausliegt, ja deren Bedingung ist. Das Wort »transzendental« bezeichnet genau dieses Vor-Empirische, das nicht vom Individuum geleistet wird, das aber, im Unterschied zur traditionellen Logik, stets auf *Gegenstände möglicher Erfahrung* bezogen bleibt. Kant, auf der Suche nach der »ursprünglichen Verbindung«, nach der »notwendigen Einheit«, macht die Identität des Denk- und Erkenntnisprozesses an jenem Punkt fest,

2 a.a.O., S. 708 f.

wo dieser sich gleichsam unbewusst durch die Subjekte hindurch und über ihre Köpfe hinweg vollzieht. Kategorie bezeichnet das Notwendige und Allgemeine in der *Verbindungsart* des Mannigfaltigen. Die denkenden, erkennenden und handelnden Individuen können als empirische Personen immer nur das verbinden, was eine allgemeine Tätigkeit vorgängig bereits verbunden hat. Durch diese Verbindung wird nichts Neues hervorgebracht, sie geschieht am gegebenen Material, von welchem die Sinne affiziert werden. »Verbindung liegt aber nicht in den Gegenständen, und kann von ihnen nicht etwa durch Wahrnehmung entlehnt und in den Verstand dadurch allererst aufgenommen werden, sondern ist allein eine Verrichtung des Verstandes, der selbst nichts weiter ist, als das Vermögen, a priori zu verbinden, und das Mannigfaltige gegebener Vorstellungen unter Einheit der Apperzeption zu bringen, welcher Grundsatz der oberste im ganzen menschlichen Erkenntnis ist.«[3]

Weil für Kant, der ja in seiner Philosophie eine Kritik aller formalen Logik schreibt, gleichwohl die Ursynthesis am logischen Modell der Verbindung von Subjekt und Prädikat gebildet ist, ist es nicht erstaunlich, dass für ihn die Arbeit als Verstandestätigkeit die am deutlichsten ausgewiesene Form der Arbeit überhaupt darstellt. Dass hier Arbeit im Spiel ist, zeigt sich an vielen Umschreibungen dieser Form ursprünglicher

3 a.a.O., S. 138.

Tätigkeit. Es ist nicht lediglich eine Ich-Identität, als funktionaler Bezugspunkt für Denken, Urteilen, Erkennen, auch nicht im freudschen Sinne das Ich, das die geregelte Realitätsanpassung besorgt. Es ist ein produzierendes Ich, das allerdings lediglich Formtätigkeit ist, die das ungegliederte chaotische Material der Objektwelt in einen Kosmos von Verbindungen verwandelt. Verbindung ist daher das einzige wirkliche *Apriori* dieser Tätigkeit. Sie ist ein Akt der Spontaneität: »[...] so ist alle Verbindung, wir mögen uns ihrer bewußt werden oder nicht, es mag eine Verbindung des Mannigfaltigen der Anschauung, oder mancherlei Begriffe, und an der ersteren der sinnlichen, oder nichtsinnlichen Anschauung sein, eine Verstandeshandlung, die wir mit der allgemeinen Benennung *Synthesis* belegen würden, um dadurch zugleich bemerklich zu machen, dass wir uns nichts, als im Objekt verbunden, vorstellen können, ohne es vorher selbst verbunden zu haben, und unter allen Vorstellungen die *Verbindung* die einzige ist, die nicht durch Objekte gegeben, sondern nur vom Subjekte selbst verrichtet werden kann, weil sie ein *Actus* seiner Selbsttätigkeit ist. Man wird hier leicht gewahr, dass *diese* Handlung ursprünglich einig, und für alle Verbindung gleichgeltend sein müsse, und dass die Auflösung, *Analysis,* die ihr Gegenteil zu sein scheint, sie doch jederzeit voraussetze; denn wo der Verstand vorher nichts verbunden hat, da kann er auch nichts auflösen, weil es nur *durch ihn* als verbunden der Vorstellungskraft hat gegeben werden können.«[4] Indem Kant nun hervorhebt, dass diese Tätigkeit der Verbindung ursprünglich synthetisch ist, deutet er an, dass sie *allgemeine Arbeit* darstellt, eine vom einzelnen nicht geschaffene Kombination der gesellschaftlichen Arbeitskraft, die sich in allgemeiner Verausgabung realisiert. Das ist aber, streifen wir den transzendental-logischen Zusammenhang von der Kantischen Philosophie ab, oder besser: erweitern wir diesen Zusammenhang zu der gesellschaftlichen Arbeit, die ihm zugrunde liegt, nichts anderes als das, was Marx als Wert bezeichnet: Wert ist ein allgemeines gesellschaftliches Verhältnis, durch das ein konstituierter Verknüpfungszusammenhang zwischen allen Gegenständen möglicher Erfahrung zustande kommt.

Der Begriff des Wertes ist in den Frühschriften von Marx mehrseitig verwendet, als Mehrwert ebenso wie als Wert, den ein Mensch für den anderen hat, den das Natürliche oder die menschlichen Wesenskräfte an sich haben. In der präzisen Werttheorie des *Kapitals* wird dieser von Max Weber später ausgebreitete Wertehimmel nur noch zum symbolischen Ausdruck. Es sind in der Entfremdung imaginäre Werte, weil sie die Gewalt nicht haben, die einen Verknüpfungszusammenhang konstituiert. »Im Ausdruck: ›Wert der Arbeit‹ ist der Wertbegriff nicht nur völlig

4 a.a.O., S. 135.

ausgelöscht, sondern in sein Gegenteil verkehrt. Es ist ein imaginärer Ausdruck, wie etwa Wert der Erde. Diese imaginären Ausdrücke entspringen jedoch aus den Produktionsverhältnissen selbst. Sie sind Kategorien für Erscheinungsformen wesentlicher Verhältnisse. Dass in der Erscheinung die Dinge sich oft verkehrt darstellen, ist ziemlich allen Wissenschaften bekannt, außer in der politischen Ökonomie.«[5]

In der Fußnote auf der gleichen Seite wird Marx aggressiv. Er wehrt sich dagegen, den alternativ verwendeten Begriff des Wertes für bloß poetisch zu halten. Dies sei die Ohnmacht der Analyse. Der Angriff richtet sich gegen Proudhon. Ihm folgt der Angriff gegen J. B. Say. Noch bequemer sei es natürlich, sich unter Wert gar nichts zu denken. Marx zitiert: »Was ist ›valeur‹ (Wert)? Antwort: ›Das, was eine Sache wert ist‹. Und was ist ›Preis‹? Antwort: ›Der Wert einer Sache ausgedrückt in Geld.‹ Und warum hat ›die Arbeit der Erde [...] einen Wert? Weil man ihr einen Preis zuerkennt.‹ Also Wert ist, was ein Ding wert ist, und die Erde hat einen ›Wert‹, weil man ihren Wert ›in Geld ausdrückt‹. Dies ist jedenfalls eine sehr einfache Methode, sich über das warum und wozu der Dinge zu verständigen.«

Marx geht offenbar auch in der gegenständlich gerichteten Perspektive des Kapitals mit dem Mehrfachsinn des Wertbegriffs um. Findet im Kapitalprozess und nochmals in der Metaphysik

5 K. Marx, *Das Kapital*, Band 1, a. a. O., S. 562.

der Ökonomen die Verkehrung der Werte statt, so muss sie sich auch aufheben lassen. Man muss nicht, sagt er in Fußnote 26, die Sprache an die Verkehrung anpassen, sondern das wirkliche Verhältnis ändern. Imaginär ist aber die Verwendung des Wertbegriffs außerhalb des kapitalistischen Zusammenhangs in zwei Richtungen: Die Kategorie hat von sich aus nicht die Kraft: 1. ein Ausbeutungsverhältnis von einem menschlichen Verhältnis zu unterscheiden, 2. Wertbegriffe, die sich auf etwas anderes als die empirisch-kapitalistische Konstitution gründen, unterscheiden von sich aus nicht, worin sie Verknüpfungsstärke haben.

Im dritten Band des *Kapital*[6] kommt Marx auf Preis der Arbeit und Wertbegriff zurück. Wir erwähnen, dass es sich mit Wert der Würde, Wert des Gastrechts, Wert der Disziplin, Wert an Selbstregulierung, Ausbruch, Protest ebenso verhielte. Er sagt dort: »›Preis der Arbeit‹ ist ebenso irrationell wie ein gelber Logarithmus. Aber hier ist der Vulgärökonom erst recht befriedigt […], da grade der Widerspruch der Formel gegen den Begriff des Werts ihn der Verpflichtung überhebt, den letzteren zu begreifen.« Wert und Preis der Arbeit – wie Wert und Preis eines jeden Lebensvermögens – ist ein unökonomischer Begriff, aber gerade wegen seines Widerstands Provokation für das Begreifen. Irrationeller Wert hat Mangel an Zusammenhang und muss Wert

6 *Das Kapital*, Band 3, Berlin 1966, *MEW*, Band 25, S. 826.

werden. Es ist deshalb falsch, bereits jetzt Wert dazu zu sagen, es wäre aber ebenso falsch, solche imaginären Werte aus dem Begriff abzusondern. Sie sind vielmehr sein Stachel.

Begreift man Wissenschaft als allgemeine Arbeit, als *general intellect,* so formuliert Kant präzise diese spezifische Form der Tätigkeit, wenn er sagt: »*Das: Ich denke,* muß alle meine Vorstellungen begleiten *können;* [...] Also hat alles Mannigfaltige der Anschauung eine notwendige Beziehung auf das: *Ich denke,* in demselben Subjekt, darin dieses Mannigfaltige angetroffen wird. Diese Vorstellung aber ist ein Actus der *Spontaneität,* d. i. sie kann nicht als zur Sinnlichkeit gehörig angesehen werden.«[7]

Worin diese ursprüngliche synthetische Einheit der Apperzeption besteht, die Frage nach dem allgemeinen, nichtempirischen Subjekt, das hier aus reiner Spontaneität produziert, verfolgt Kant nicht weiter. Im Grunde nimmt er diese Spontaneität genauso als gegeben an wie die zwölf Kategorien und das Material möglicher Anschauungen und Erkenntnisse. »Und so ist die synthetische Einheit der Apperzeption der höchste Punkt, an dem man allen Verstandesgebrauch, selbst die ganze Logik, und, nach ihr, die Transzendental-Philosophie heften muss, ja dieses Vermögen ist der Verstand selbst.«[8] Was ist aber der Grund

7 Kant, a. a. O., S. 136.
8 a. a. O., S. 137, Anm.

dieser Produktion, was produziert hier, wenn die empirischen Individuen es nicht sein dürfen?

Johann Gottlieb Fichte, der Philosoph der Wissenschaftslehre, erblickt sein Geschäft darin, das zu Untersuchende gewissermaßen durch ein Experiment in die Lage zu versetzen, das ursprünglich Lebendige und Tätige in der geistigen Produktion ohne Zutat vom Standpunkt des Philosophen lediglich aufzunehmen, dieser Tätigkeit *zuzusehen*. Fichte radikalisiert die transzendentale Wendung, indem er den der theoretischen und der praktischen Vernunft gemeinsamen Grund aufzudecken versucht. Kategorischer Imperativ und Erkenntnis fallen bei Kant auseinander; es ist die »zufällige« Ansammlung verschiedener Vermögen in einem Subjekt, was Hegel dann veranlaßt hat, vom kantischen »Seelensack« zu sprechen. Das Ich wendet sich, Fichte zufolge, auf sich selber zurück, sucht das, was es wirklich tut, festzuhalten, sich auf seiner eigenen Tat zu ertappen. »Die erste Frage sonach wäre die: Wie ist das Ich für sich selbst? Das erste Postulat: Denke dich, konstruiere den Begriff deiner selbst; und bemerke, wie du das machst.«[9] In dem ursprünglich synthetischen Produktionsvermögen, das Fichte am Ich beschreibt, sind Sinnlichkeit und Verstand, Anschauung und Denken, Handlung und Tat, Subjekt und Objekt,

9 Johann Gottlieb Fichte, *Zweite Einleitung in die Wissenschaftslehre*, in: *Ausgewählte Werke in 6 Bänden*, hrsg. von Fritz Medicus, 3. Band, Darmstadt 1962, S. 42.

Sollen und Sein noch nicht voneinander geschieden; diese ursprüngliche Einheit ist nicht Denken, sondern Tätigkeit. »Es ist daher gar nicht so unbedeutend, als es einigen vorkommt, ob die Philosophie von einer Tatsache ausgehe, oder von einer Tathandlung (das ist von reiner Tätigkeit, die kein Objekt voraussetzt, sondern es selbst hervorbringt, und wo sonach das *Handeln* unmittelbar zur *Tat* wird). Geht sie von der Tatsache aus, so stellt sie sich in die Welt des Seins und der Endlichkeit, und es wird ihr schwer werden, aus dieser einen Weg zum Unendlichen und Übersinnlichen zu finden; geht sie von der Tathandlung aus, so steht sie gerade auf dem Punkt, der beide Welten verknüpft und von welchem aus sie mit einem Blicke übersehen werden können.«[10]

Es ist dieser Satz, der Lukács dazu verleitet hat, aus der Unmöglichkeit, das wahre Subjekt der Tathandlung aufzudecken, die idealistischen Grenzen Fichtes zu bestimmen und zu folgern, dass dieses ursprüngliche Subjekt-Objekt nichts anderes sein könne als die neue geschichtsmächtige Klasse des Proletariats. Diese Klasse ist das enthüllte Geheimnis der Tathandlung, damit in gewisser Weise auch der kantischen ursprünglichen synthetischen Einheit der Apperzeption. Im Entwicklungsgang der klassischen Philosophie sieht Lukács die Antinomien der bürgerlichen Gesellschaft auf ihren gedanklichen Höhepunkt

10 a. a. O., S. 52.

getrieben, ohne dass dieses Denken imstande wäre, die Antinomien zu lösen. Die Lösung ist jener Klasse vorbehalten geblieben, »die das identische Subjekt-Objekt, das Subjekt der Tathandlung, das ›Wir‹ der Genesis von ihrem Lebensgrund aus in sich selbst zu entdecken befähigt war: dem Proletariate«.[11] Lukács spricht vom Proletariat als einer geschichtlichen Substanz, das Modell für diese Identität von Subjekt und Objekt bezieht er jedoch aus dem Doppelcharakter der Ware Arbeitskraft. Arbeitskraft ist die einzige Ware, die sprechen und denken kann. »Dieses Hinzutreten des Selbstbewußtseins zur Warenstruktur bedeutet aber etwas prinzipiell und qualitativ anderes, als was man sonst Bewußtsein ›über‹ einen Gegenstand zu nennen pflegt. [...] Auch wenn etwa ein antiker Sklave, ein *instrumentum vocale,* zur Erkenntnis seines Selbst als Sklaven gelangt, bedeutet dies keine Selbsterkenntnis in diesem Sinne: er kann damit auch bloß zur Erkenntnis eines Gegenstandes gelangen, der ›zufällig‹ er selbst ist. [...] Die Selbsterkenntnis des Arbeiters als Ware ist aber bereits als Erkenntnis: praktisch. D.h. diese Erkenntnis vollbringt eine gegenständliche, struktive Veränderung am Objekt ihrer Erkenntnis.«[12]

Da Lukács jedoch sofort die Tauschwert-Seite der Arbeitskraft auf die Objektrolle setzt, welche

11 Georg Lukács, *Geschichte und Klassenbewußtsein,* Amsterdam 1967, S. 164.

12 a.a.O., S. 185.

den Arbeiter in die kapitalistische Warenproduktion einbindet, und die Gebrauchswert-Seite der Arbeitskraft dem geschichtlichen Subjekt der Gesellschaftsveränderung zuschlägt, kommt er an keinem Punkt seiner Analyse dazu, die Formen konkreter Arbeitsäußerung und die allgemeine Verausgabung von Arbeitskraft, die den Warenwert konstituiert, zunächst einmal auseinanderzuhalten, beide Seiten auch unabhängig voneinander zu entwickeln, um dann unter spezifischen gesellschaftlichen Situationen ihre Dialektik zu entfalten. Das Proletariat als Ganzes ist ebenso wie die Partei der Widersprüche, die durch den einzelnen Proletarier hindurchgehen, enthoben; Lukács macht einen Sprung von dem einzelnen Proletarier zum Proletariat, das er sogleich als Substanz aufwerten muss. Die Dialektik von Allgemeinem und Besonderem, deren Mangel ein wesentlicher Grund für die Unmöglichkeit der Lösung der Antinomien des bürgerlichen Denkens war, wird zugunsten des Allgemeinen geschlichtet. Das Subjekt der Tathandlung bleibt für ihn im dunkeln, denn im Grunde orientiert er sich eher an der Produktseite, am Allgemeinen, das in die Gegenstandswelt bereits herausgearbeitet ist. Die Idee des Gesamtarbeiters, die bei Kant, Fichte und, nimmt man den prozessierenden Widerspruch, auch bei Hegel vorgeprägt ist, ist jedoch zentral mit dem Problem der Synthesis, der synthetischen Verbindung der einzelnen am Subjekt haftenden Tätigkeiten verknüpft.

So richtig es sein mag, das, was hier als synthetische Leistung der Produktion vorgestellt wird, als Klasse anzusehen, so wenig kann gerade eine materialistische Analyse darauf verzichten, die *Formenvielfalt, mit der es ja die lebendigen Menschen einzig zu tun haben, zu entwickeln, um überhaupt erst den Schleier zu durchbrechen, der durch die vom Kapital hergestellte Identität und Synthesis gewoben ist.* Nehmen wir dagegen den in der Ware Arbeitskraft enthaltenen Widerspruch zwischen abstrakter und konkreter Arbeit, so ergeben sich zwei Formen des Gesamtarbeiters: die eine bezeichnet den falsch zusammengesetzten Gesamtarbeiter, der jedoch einen hohen Realitätsgehalt besitzt; die andere verweist auf den konkreten Zusammenhang der menschlichen Arbeit, deren richtige, befreiende Synthesis erst hergestellt werden muss, ohne die freilich auch im kapitalistischen System keine Produktion stattfinden kann.

Auf der einen Seite steht reine Tätigkeit, gesellschaftliche, allgemeine Tätigkeit, in die »kein Atom Naturstoff« eingeht.[13] »Alle Arbeit ist [...] Verausgabung menschlicher Arbeitskraft im physiologischen Sinn, und in dieser Eigenschaft gleicher menschlicher oder abstrakt menschlicher Arbeit bildet sie den Warenwert.«[14] Oder als Beispiel: »Schneiderei und Weberei [und wir können hinzufügen: auch alle anderen Veraus-

13 Karl Marx, *Das Kapital*, Band 1, a. a. O., S. 62.

14 a. a. O., S. 61.

gabungen menschlicher Arbeitskraft, O. N. / A. K.], obgleich qualitativ verschiedene produktive Tätigkeiten, sind beide produktive Verausgabung von menschlichem Hirn, Muskel, Nerv, Hand usw., und in diesem Sinne beide menschliche Arbeit. Es sind nur zwei verschiedne Formen, menschliche Arbeitskraft zu verausgaben.«[15] Da diese Arbeit allgemeine Arbeit ist, ist die durch sie produzierte Wertgegenständlichkeit »rein gesellschaftlich«, eine Wertgegenständlichkeit, die »nur im gesellschaftlichen Verhältnis von Ware zu Ware erscheinen kann«.[16] Von der Produktionsseite aus gesehen, kann man sagen, dass diese Form allgemeiner Arbeit eine ursprüngliche synthetische Einheit darstellt, ein sinnlich-übersinnliches Universum von Tätigkeiten, das den vom Kapital zusammen gefügten Gesamtarbeiter ausmacht. Es ist ein Kollektiv-Ich als Vermögen, als reine Tätigkeit, dessen Einheit, vom Standpunkt der wirklichen Subjekte aus betrachtet, nichts Empirisches an sich zu haben scheint.

»Alle Arbeit ist andrerseits«, fährt Marx fort, »Verausgabung menschlicher Arbeitskraft in besonderer zweckbestimmter Form, und in dieser Eigenschaft konkreter nützlicher Arbeit produziert sie Gebrauchswerte.« Die synthetische Einheit auf dieser Ebene muss auf andere Weise hergestellt werden als die, welche der Selbstverwertung des Kapitals vorgegeben ist.

15 a. a. O., S. 58 f.
16 a. a. O., S. 62.

Die Produktion dieser Verbindung »erfolgt« nach prinzipiell anderen Kriterien. Diese Zusammensetzung kann, wie im Faschismus, falsch sein und am Ende zu einer Zerstörung von Teilen der Arbeitskraft oder zu einer Umlenkung auf destruktive Ziele führen, oder sie kann nach Maßgabe der Emanzipationsinteressen der Menschen ausgerichtet sein; auf keinen Fall kann es dieselbe Synthesis sein, die sich aus den gewissermaßen transzendentalen Bedingungen der Kapitalverwertung ergibt. Hinzu kommt, dass diese Form der Zusammensetzung des Gesamtarbeiters von Land zu Land verschieden ist. Eine objektive Täuschung in der Analyse dieses Gesamtarbeiters liegt freilich darin, dass die in ihm tendenziell vorkommenden Tätigkeiten, jedenfalls vom Potential her, nicht ausschließlich unter den Kriterien ihrer produktiven Funktion für das Kapital gesehen werden können. *Es ist eine gesamtgesellschaftliche Verteilung der Arbeitsformen, in die z. B. auch die politische Arbeitskraft hineingehören würde, die aus dem Gesamtarbeiter, so fern er vom Kapital zusammengefügt ist, zwangsläufig herausfällt.* Auf das Problem, warum in Deutschland überhaupt, keineswegs nur in der großen idealistischen Philosophie, die Frage nach der Identität diese so weit reichende Bedeutung hat, sind wir an einer anderen Stelle ausführlich eingegangen.[17]

17 O. Negt, A. Kluge, *Deutschland als Produktionsöffentlichkeit*, Werkausgabe, Band 6.2, Göttingen 2016, S. 201 ff.

LIFE
OF
TOOLS

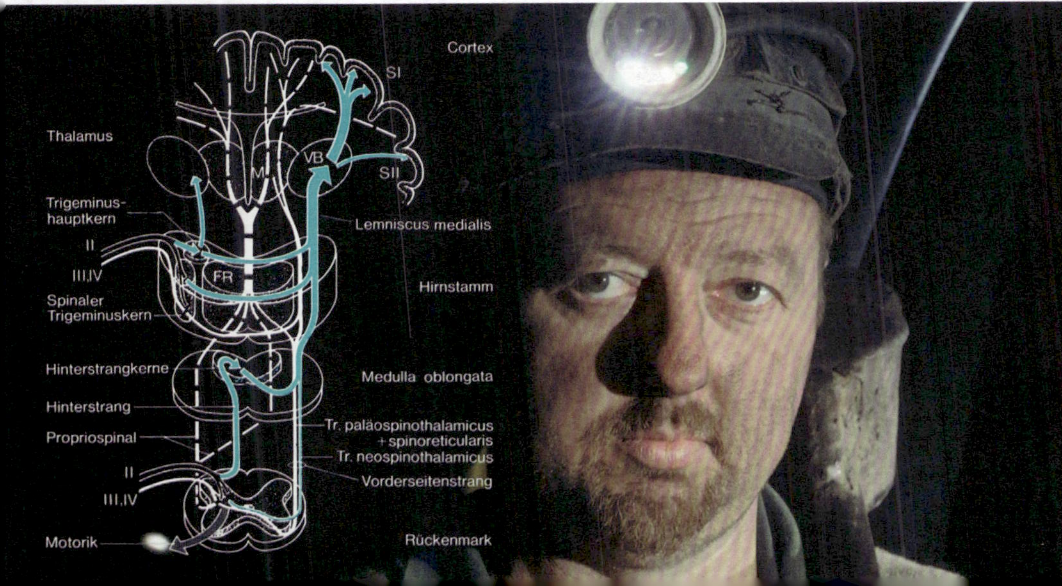
Cortex
SI
SII
Thalamus
VB
M
Trigeminus-
hauptkern
II
III,IV
FR
Spinaler
Trigeminuskern
Lemniscus medialis
Hirnstamm
Hinterstrangkerne
Medulla oblongata
Hinterstrang
Propriospinal
Tr. paläospinothalamicus
+ spinoreticularis
Tr. neospinothalamicus
II
Vorderseitenstrang
III,IV
Motorik
Rückenmark

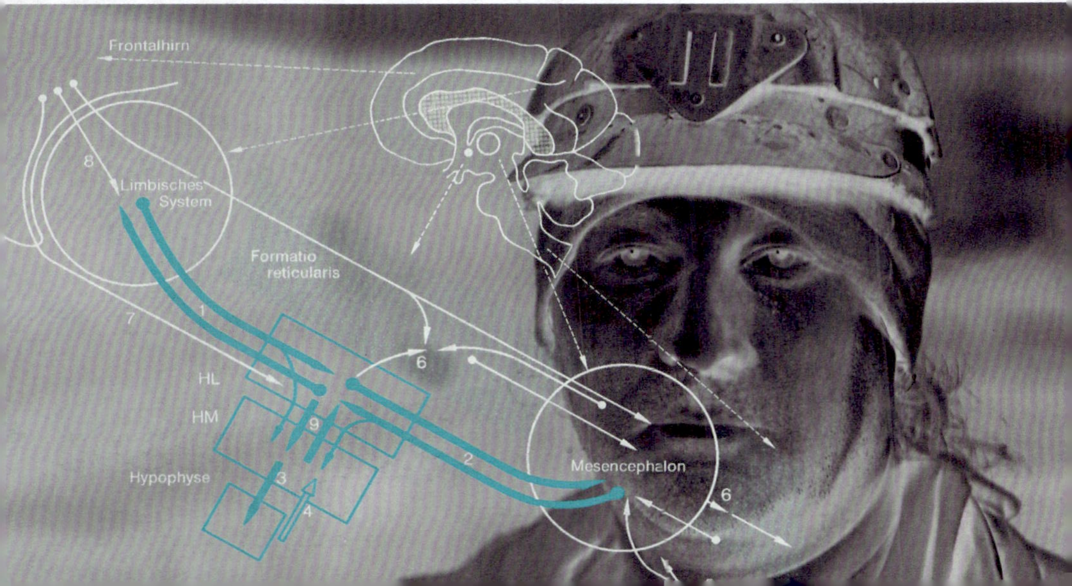

Frontalhirn
8
Limbisches
System
Formatio
reticularis
1
7
6
HL
HM
9
Hypophyse
3
4
2
Mesencephalon
6

Karl Marx

8

Im Tempel des ernsthaften Denkens

Gebrauchswert von Kants klassischer Bauweise für die Erfahrungen unserer Zeit

ÜBER HAUSBAU

»Wenn ich den Inbegriff aller Erkenntnis der reinen und, spekulativen Vernunft wie ein Gebäude ansehe, dazu wir wenigstens die Idee in uns haben, so kann ich sagen, wir haben in der transzendentalen Elementarlehre den Bauzeug überschlagen und bestimmt, zu welchem Gebäude, von welcher Höhe und Festigkeit er zulange. Freilich fand es sich, daß, ob wir zwar einen Turm im Sinne hatten, der bis an den Himmel reichen sollte, der Vorrat der Materialien doch nur zu einem Wohnhause zureichte, welches zu unseren Geschäften auf der Ebene der Erfahrung gerade geräumig und hoch genug war, sie zu übersehen; daß aber jene kühne Unternehmung aus Mangel an Stoff fehlschlagen mußte, ohne einmal auf die Sprachverwirrung zu rechnen, welche die Arbeiter über den Plan unvermeidlich entzweien, und sie in alle Welt zerstreuen mußte, um sich, ein jeder nach seinem Entwurfe, besonders anzubauen. Jetzt ist es uns nicht sowohl um die Materialien, als vielmehr um den Plan zu tun, und, indem wir gewarnet sind, [...] gleichwohl doch von der Errichtung eines festen Wohnsitzes nicht wohl abstehen können, den Anschlag zu einem Gebäude in Verhältnis auf den Vorrat, der uns gegeben und zugleich unserem Bedürfnis angemessen ist, zu machen.

Ich verstehe also unter der transzendentalen Methodenlehre die Bestimmung der formalen Bedingungen eines vollständigen Systems der reinen Vernunft. Wir werden es in dieser Absicht mit einer Disziplin, einem Kanon, einer Architektonik, [...] der reinen Vernunft zu tun haben, [...].

Immanuel Kant, *Kritik der reinen Vernunft*, in: Werkausgabe (Wilhelm Weischedel), Band IV/II, S. 609, Einleitungssätze zur Transzendentalen Methodenlehre.

Oskar Negt und Alexander Kluge im Gespräch. Zoom vom 5. Dezember 2021.

GEBRAUCHSWERT VON KANTS KLASSISCHER BAUWEISE FÜR DIE ERFAHRUNGEN UNSERER ZEIT

NEGT In unserem gemeinsamen Buch haben wir die geschichtliche Macht des Eigensinns thematisiert. Dieser Eigensinn bildet einen Kern der Subjektivität und ist offenbar eine Eigenschaft, die man in jedem Menschen antreffen wird, manchmal schwächer, manchmal stärker, manchmal verborgen. Eigensinn kann die eher unauffällige Haltung der Beharrlichkeit und Nachhaltigkeit annehmen. Sie ist dann in der Alltagspraxis, in der Lebenswelt und in der Arbeit integriert. Sie kann in der Hingabefähigkeit verborgen sein, die Voraussetzung von Kooperation ist. Ein anderer Ausdruck für Eigensinn kann Genauigkeit heißen, Entschiedenheit, die Fähigkeit, Wissen, Hoffnung und Tun miteinander in Zusammenhang zu bringen. Zum Eigensinn gehört aber auch der Widerstand und die Empörung. Seinen eigenen Charakter zeigt der Eigensinn im Widerstand und in der Empörung. Rebellion und Empörung sind geschichtliche Mächte. In Verweigerung und Rebellion drückt sich der Eigensinn unmittelbar aus. Kleists Erzählung von Michael Kolhaas handelt davon. In unseren gemeinsamen Arbeiten geht es um das Verhältnis von Individualität und Subjektivität zu den gesellschaftlichen Verhältnissen, der Objektivität. Das ist eine Wechselbeziehung. Man kann sie als Dialektik bezeichnen.

KLUGE Meine Beziehung zu Kant stammt aus unserer Zusammenarbeit. Sie ist über deine Arbeiten über Kant vermittelt. Mir erscheint Kant wie ein Kartograph, wie ein Landvermesser. Er gibt Orientierung und fordert Rechenschaft. Seine Landvermessung bezieht sich nicht bloß auf äußeres Gelände, sondern auf die Innenausstattung des Menschen. Es geht um Prinzipien, Gleichgewichte, Verantwortlichkeiten und Regelmäßigkeiten. Um den Kosmos ebenso, wie um die Fähigkeit, verantwortlich und autonom zu handeln.

NEGT Für Kant geht es dabei um Rechtsverhältnisse, durch die wir, wenn wir einander auf dieser Kugel begegnen, dies in friedlicher Weise tun können. Entgegengesetzt dazu verhält sich der Krieg. Er ist »der Menschheit aufgepfropft«. In den Menschen ist ein Antagonismus eingewurzelt, sagt Kant. Ein Stück Aggressivität, Eigensucht, Raffgier, aber auch Trägheit und Gleichgültigkeit. Auf der anderen Seite ist in der gleichen Subjektivität ein »zärtlicher Keim« vorbereitet, der den guten Willen entwickelt und zur Ausübung von Vernunft befähigt. Der gute Wille, so Kant, ist eine Naturbegabung. »Es gibt nichts, was man an und für sich für gut halten kann, es sei denn der gute Wille«. Und hier kommt für Kant ein charakteristischer Zusatzgedanke ins Bild: Was dem Menschen möglich ist, das wird er auch ausüben. Das sind Regelverhältnisse, Maßverhältnisse, Gleichgewichtsverhältnisse, die zur Architektur der Vernunft gehören. Das ist, wie Kant es nennt, »das Bauzeug«. Das ermöglicht dann den Bau einer gemeinsamen »Republik des Geistes«, die dann auch Leuchtturm, Navigationshilfe und Arbeitsanweisung für die Praxis der Menschen werden wird.

Im Jahr 2024 jährt sich der Geburtstag von Kant zum dreihundertsten Mal. 300 Jahre, das ist die Zeit von zehn Generationen. Zehn Generationen hätten, wären sie den von Kant vorgeschlagenen Konzepten zum Hausbau der Vernunft gewidmet worden, eine Menge Vernunft produzieren können. Allein das, was wir bei Marx wiederholt finden, die Aufforderung, mit dem uns anvertrauten Planeten »wie gute Hausväter umzugehen« und das Erbe unseren Enkeln intakt zu übergeben, zeigt, was wir kollektiv versäumt haben. An dem Block Immanuel Kant nehmen wir wahr, was wir unterlassen haben. Was wir als Projekt und Arbeitsprozess unbedingt aufgreifen müssen.

KLUGE Ich sagte schon, dass mein Zugang zu Kant auf deiner Haltung zu ihm beruht. Ich habe ihn dadurch erst kennengelernt. Auf mich wirkt Kant wie ein Findlingsblock. Ein riesiger

Stein, der auf merkwürdige Weise zu uns gewandert ist.

NEGT Die Zeit, die uns von Kant trennt, ist die der industriellen Revolution. Außerdem trennen uns von seinem Erfahrungshorizont die »Abstürze der Zivilisation im 20. Jahrhundert«. Auch ist die Bevölkerung auf der Erde auf bald acht Milliarden angestiegen. Das, was wir »wirkliche Verhältnisse« oder gesellschaftliche Verhältnisse nennen, ist zu einem Riesen geworden, während die Potenzen des eigenen Menschen sich wenig verändert haben. Fortschritt, Eigensinn, Selbstbestimmung der Menschen, der Mut, sich der eigenen Verstandeskräfte zu bedienen, trifft auf veränderte Größenverhältnisse. Dabei wird, was aufgebaut wurde, in der kantischen Perspektive immer wieder durch Kriege zerstört. Um diese Prozesse zu verstehen, die richtigen Schlussfolgerungen zu bewahren und aus den Irrtümern zu lernen, dazu brauchen wir den kritischen Umgang mit unseren Denkwerkzeugen. So wie Kant uns auffordert, uns mit diesen Tools, dem Denkvermögen, zu befassen. Sie sind selber Selbstzweck und nicht bloß Mittel. Es geht ihm um die MÖGLICHKEIT der Erkenntnis und der Lagerung von Erfahrung in den Erkenntnisvermögen. Daher die Gründlichkeit, mit der er die Werkzeuge dazu, die im Innern der Menschen existieren, prüft und ihre Verbesserung fordert. Ihm geht es nicht um Meinungen und Gesinnungen, nicht um das Fertigprodukt, sondern um die Produktionsstätte. Im Subjekt, in der Öffentlichkeit und in der Legalität. Das unterscheidet ihn zum Beispiel von Hegel. Hegel würde nicht akzeptieren, dass ein großer Teil der Fragen, die Kant aufwirft, ohne seine Antwort und somit offen bleibt. Vieles bei Kant bildet einen Block. Einen Block, an dem wir uns abarbeiten sollen.

KLUGE Kant stützt sich auf vorangegangenes Denken. Was die subjektive Seite des Menschen angeht auf Descartes: Cogito ergo sum. Und was die Naturgesetzt und die Objektivitäten der Außenwelt betrifft, verlässt er sich auf Newton.

NEGT Das alles überprüft er neu und schichtet es. So entsteht ein Gebäude, ein System, ein sinnvolles Vorratslager der Erfahrung. Und das ist die Herausforderung dafür, dass wir, indem wir die Kategorien Kants akzeptieren oder uns von ihnen als einem soliden Boden abstoßen, die veränderte Datenlage in den Naturwissenschaften oder in der Psychoanalyse von Sigmund Freud einbringen. Nicht in ein Niemandsland, sondern in die von Kant vorgezeichnete und von uns zu erweiternde Begriffs- und Anschauungswelt. Die Frankfurter Kritische Theorie hat hier schon weite neue Forschungsfelder abgesteckt.

KLUGE Es gibt eine Szene während der studentischen Protestbewegung, und zwar im Dezember 1968, die mich bis heute bewegt.

Im Dezember 1968 – du warst dabei – hat sich in Frankfurt eine scharfe Spannung zwischen den rebellierenden Studenten und dem Institut für Sozialforschung aufgetan. Den ganzen Monat über wird in Hörsaal VI mit Worten gekämpft. Auf der Strecke vom Universitätsgelände bis hin zu den Gerichtsgebäuden finden im Stadtgebiet hinter der Hauptwache Straßenschlachten statt. Das soziologische Seminar in der Liebigstraße wird von den Studenten besetzt. Nach diesem stark von Aktualität bestimmten Geschehen zieht sich eine Gruppe von Genossen unter der Führung von Hans-Jürgen Krahl zu Silvester 1968 in ein Gehöft in Oberhessen zurück. Auf drei Tage. Wie auf eine Robinson-Insel. Und dort lesen sie im Kollektiv die drei Kritiken von Immanuel Kant. Sie suchen eine solide Grundlage für die Orientierung der kommenden politischen Kämpfe. Mich bewegt das, weil es so unwahrscheinlich und unerwartet zwischen den tagesbezogenen Pamphleten und Kundgebungen als »plötzlicher Ausbruch von Gründlichkeit« auftritt. Ich nenne das Bodenhaftung. Es gibt etwas wieder, was der »Block Kant«, dieser Findlingsblock, an Ausstrahlung besitzt. Ich stelle mir vor, dass mit solcher Spannweite – wie zwischen dem politischen Kämpfen von 1968 und Texten aus dem 18. Jahrhundert – in den 55 Jahren, die zwischen unserer Gegenwart und dem Jahr 1968 vergangen sind, so gründlich gearbeitet worden wäre wie in jenen drei Tagen und die Motivation so stark konzentriert geblieben wäre wie in den politischen Kämpfen des Dezember 1968. Was an Arbeit für ein Projekt der Emanzipation notwendig ist, sieht man in diesen Maßverhältnissen.

NEGT Hier siehst du aber auch die Grenze bei Kant. Er ist ein bürgerlicher Charakter. Er ist Sohn eines Handwerkers. Er denkt und arbeitet so wie man einen ordentlichen Haushalt oder ein solides Geschäft führt. Seine Theorie bezieht sich auf einen Emanzipationsprozess. Er billigt in diesem Prozess aber nur das, was sich in einer Legalität, einer allgemeinen Gesetzgebung, verwirklichen lässt. Was ist Fortschritt im Denken? In der Charakterstruktur im Menschen und in ihren Impulsen beobachtet Kant, gibt es labile Elemente. Der gute Wille ist eine Naturkraft, aber er ist auch zerbrechlich. Kants Öffentlichkeit ist die einer Lesegesellschaft. Es geht um eine professionelle, gebildete Öffentlichkeit. Nicht um eine Öffentlichkeit des Überlebenskampfes, eine Öffentlichkeit, in der Empörung und Eigensinn sich vollständig ausdrücken lassen. Die Öffentlichkeit in den Slums heute in den USA oder im rust-belt der niedergegangenen Industriezone an der Ostküste der USA, in der entlassene Arbeiter den Milliardär Trump zu ihrem Anführer wählen, benötigt für ihren Ausdruck und für mögliche

Gleichgewichte in der Gesamtgesellschaft zusätzliche Ausdrucksformen.

Soziologische Phantasie und exemplarisches Lernen

KLUGE Eines deiner frühen Bücher heißt *Soziologische Phantasie und exemplarisches Lernen*. Der Untertitel heißt: Zur Theorie und Praxis der Arbeiterbildung. Es geht um die Erwachsenenbildung in der Arbeiterbewegung. Im Industriezeitalter verändern sich die Lebens- und Arbeitsverhältnisse so vehement, dass die Schulbildung für die Bearbeitung eines ganzen Lebens nicht mehr ausreicht. Das ist der Grund für den Aufstieg der Erwachsenenbildung seit den 20er Jahren. Und diese Erwachsenenbildung gibt es als kommunale, als kirchliche und als Arbeiterbildung. Du forderst in deinem Buch eine Antwort auf die Sprachbarrieren, eine Aktivierung der Lernmotivation und mit dem Stichwort »soziologische Phantasie« appellierst du an die soziologische Fachwissenschaft, die gesellschaftliche Erfahrung so zu formulieren, dass sie Bildungswirkung erhält, und eigentlich nicht nur die Arbeiter, sondern alle lebenden und arbeitenden Menschen an die gesellschaftlichen Wirklichkeiten heranführt. Das fordert Phantasie. Das Vorstellungsvermögen dafür fordert wiederum Beispiele, exemplarisches Lernen. Das »Aufsteigen von der Konkretion in die Abstraktion«. Also zuerst die Anschauung – das Reale und die subjektive Antwort auf dieses Reale – und dann erst der Begriff.

NEGT Im Schulunterricht ist die Deduktion vorherrschend. Genau umgekehrt vollzieht sich exemplarisches Lernen. Vom Besonderen, von dem, was die Sinne erfassen, von der unmittelbaren Erfahrung führt der Weg zur Übersicht, zur »verständigen Abstraktion«. Das gilt nicht nur für Unterricht, sondern auch für das Denken selber, die Produktion von soziologischer Erfahrung. Das ist auch eine Selbstkritik des Metiers. Und wenn wir jetzt überlegen, was kann Kant dann beitragen zur Erklärung der gegenwärtigen Situation, würde ich sagen, dass wir in einer Lage sind, in der Erfahrungsbestände, wie sie die alte Arbeiterbewegung gesichert hatte, zunehmend verloren gehen. Das bedeutet Aufbewahrung der Erfahrung, die mit den Protesten, mit dem Widerstand, mit der bisherigen Geschichte der Emanzipation verknüpft sind. Das war ein Element in der Überlieferung der alten Arbeiterbewegung. Aufbewahrung heißt dann immer auch Bearbeitung, Erneuerung, Veränderung und Mutation, wenn gesellschaftliche Veränderungen sich zuspitzen und verändern. Das ist kein passives Aufbewahren. Die Aufbewahrung von Erfahrung bezeichnet Hegel als Aufheben im doppelten Sinne. Aufheben bedeutet im dialektischen Prozess die Reibung der Widersprüche und ihre Überführung in neue Gleichgewichte auf einer anderen Ebene, also die Lösung kritischer Fragen. Aufheben heißt aber auch aufbewahren im Sinne von sammeln, lagern, »über die Zeit hinweg zur Verfügung stellen«. Ich nenne hier nur ein Beispiel, nämlich die Erfahrung der Französischen Revolution. Von ihr sagt Kant: Dieses Ereignis lässt sich nicht vergessen, sondern gehört zum Stand menschlicher Entwicklung. Ich finde es eindrucksvoll, dass auch die Arbeiterbewegung und der Protest lange Zeit in Anlehnung an Kant operierten. Zum Beispiel bei der Gründungsversammlung des Sozialistischen Deutschen Studentenbunds, des SDS. Die hatten zwei Großporträts dort ausgestellt, von Marx *und* von Kant.

KLUGE Es gibt die Bezeichnung für den engherzigen Bürger, den Bourgeois, und es gibt die andere Bezeichnung für den republikanisch-offenen Bürger, den Citoyen. In der Republik der Geister gehört Kant sicher zur zweiten Gruppe, nicht zu denen, die sich in ihrer »Stadtburg verschanzen«, sondern denjenigen, die eine Republik gründen (wenn im Falle Kants auch inmitten einer Monarchie und zunächst als Entwurf eines Denkgebäudes, eines Tempels der Ernsthaftigkeit).

NEGT Kant pflegt einen offenen Umgang mit der Erfahrung. Die Begrenzung des Handelns auf die Legalität ist bei ihm keine bloße Vorsichtsmaßnahme. Sie beruht auf der Skepsis, mit der er die moralischen und denkerischen Schwächen des »krummen Holzes« im Auge behält, auch wenn er von einer Naturbegabung des Menschen zur Vernunft und von dessen rebellischem Drang, sich vernünftig zu betätigen, spricht. Gerade wegen dieser Gegensätzlichkeiten, nämlich dass die Menschen noch keine geübten Republikaner sind, brauchen wir die von ihm vorgeschlagenen Vorratshäuser der Erfahrung. Es sind Vorratshäuser des Pharaos. Sie werden angelegt in den guten Zeiten für schlimme Zeiten. Es geht um Erfahrungen auch für künftige Anwendung, gewonnen aus bisheriger Vorgeschichte und Gegenwart. Gerade weil der Prozess der Aufklärung bisher nur im Fluss ist, er ist nirgends mit vollständigen Beispielen zu belegen, brauchen wir diese Vorratsbildung im Denken. Die Architektonik der Vernunft muss große Lager von Erfahrung anlegen. Solche Erfahrung müsste gesammelt werden im Innern der Menschen, in ihrem Gedächtnis, ihrer vernünftigen gesellschaftlichen Praxis, in der Staatsverfassung, aber auch in der sich wandelnden Struktur der Öffentlichkeit, also in vielfältiger Weise müssten diese Speicher reell existieren. Tatsächlich gibt es sie in Form großer Bibliotheken, der Opernhäuser (begrenzt für Musik und Dramen), der Akademien und Universitäten, der Museen (in letzteren Fällen ohne Musik). Als Allgemeingut für jedermann und in der Sinnlichkeit und Praxis der Menschen eingebettet, gibt es sie noch längst nicht. Wir haben ja schon festgestellt, dass es nicht um Aufbewahrung allein geht. Es geht um aktive Laboratorien unserer Erfahrung. Wir können die nächsten 300 Jahre nicht einfach verschwenden. Um den Preis des Untergangs unseres Planeten, um den Preis, dass wir nicht überleben werden, müssen wir diesen Prozess aktiv in Gang setzen und dann die Praxis daran orientieren. Mit Energie hat Immanuel Kant darauf beharrt, dass dem Menschen Selbstmord verboten ist. Wir sind nicht ein bloßes Mittel für irgendetwas. Wir sind nicht einmal ein solches bloßes Mittel, wenn wir selbst über unser Leben verfügen wollen. Wir sind etwas, das sich selbst respektieren soll, nicht einmal ein bloßes Mittel für den Fortschritt, schon gar nicht ein Mittel für Konsum oder Märkte. Alles dies fordert, dass wir auf dem Marsch in die Zukunft Depots unterhalten, in denen die Erfahrung aufbewahrt, überprüft und erneuert werden kann. Wie es Kant formuliert: Keine Türme von Babel, sondern Häuser, geeignet für die praktische Lebenserfahrung. Wir müssen aufsammeln, was im 20. und 19. Jahrhundert gedacht wurde, aber auch was verunglückte und misslang.

KLUGE In deinem Buch soziologische Phantasie und exemplarisches Lernen lese ich gerade den Anhang. Ich lese gerne Bücher von hinten nach vorn. Da sehe ich auf Seite hundert und den folgenden Seiten die Fremdwörter- und Begriffserläuterungen. Ich hätte Lust, daran anzuknüpfen und unsere gemeinsame Arbeit hier unmittelbar fortzusetzen. Wir könnten (gemeinsam mit anderen) dieses Verzeichnis nehmen und ausweiten, über die Sprachbarrieren hinweg.

NEGT Wir haben wenig selbstverständliche und verlässliche Linien mehr, an denen wir weiterarbeiten können, indem wir Kant, Hegel, Marx und Freud – oder die Resultate der Kritischen Theorie – einfach aufnehmen. Das müssen wir in jedem Fall tun, aber es genügt nicht.

KLUGE Und wir sollten die Kritische Theorie in Reibung bringen mit Parsons, Luhmann, Lévi-Strauss, den französischen Philosophen und der Theorie in den USA.

NEGT Ich glaube, dass ein starkes Moment darin bestehen könnte zu sagen, Empörung und Protest sind Elemente, die für den Hausbau der Vernunft geeignet sind. Dabei haben sich die Zeitstrukturen verändert. Eine Protestbewegung wie der arabische Frühling konnte vorübergehend zum Einsturz eines Herrschaftssystems führen. Das dauert vielleicht zwei Monate oder ein Jahr, dann kehrt das Potential in die alten Löcher zurück. Nachhaltige Emanzipationsprozesse haben eine ganz andere Zeitstruktur. Man kann am Beispiel der Französischen Revolution dokumentieren, wie lange es dauert, bis eine Idee der Freiheit oder der Gleichheit oder auch der Brüderlichkeit im gesellschaftlichen Zusammenhang der Menschen einen sicheren Platz findet. Es dauert fast 200 Jahre, bis zumindest in den Verfassungen zivilisierter Nationen diese Prinzipien verankert sind. Dann sind sie noch nicht allseitige Praxis geworden. Emanzipation ist ein komplexer Produktionsprozess, nicht eine Sache bloß der Meinungsbildung. Teile eines solchen Produktionsprozesses müssen im subjektiven Haushalt der Menschen und in der Gesellschaft gleichzeitig befestigt sein. Entscheidende Elemente in Emanzipationsprozessen brauchen Jahrhunderte. Die Differenzierung in den Zeitstrukturen (man muss aktuell und sofort tätig werden, die Entwicklungen aber brauchen Langzeiten) war ein wesentliches Element in unserem Buch *Geschichte und Eigensinn*.

»Verlässlich wie Kant«

KLUGE Wenn man sagt »Verlässlich wie Kant«: Wo siehst du in der Moderne Theoretiker von ähnlichem Charakter, die verlässliche Bausteine sind? Würdest du einen marxistischen Theoretiker wie Karl Korsch in diesen Zusammenhang stellen?

NEGT Er gehört zur eindrucksvollen und reflektierten Vergangenheit. Er ist für die Arbeiterbewegung ein einflussreicher Theoretiker, der sich auch kritisch an bestimmten anderen Richtungen in der Arbeiterbewegung gerieben hat. In der heutigen Debatte ist er nicht mehr so bestimmend. Korsch und Lukács waren große Theoretiker. Sie haben einen Vorschlag des emanzipativen Sozialismus gemacht, der eine Veränderung in der Welt bedeutet hätte, wären nicht andere Mächte dagewesen, die mit Gewalt und Verbrechen die Idee des Sozialismus diskreditiert hätten, dass man diese Idee neu begründen muss. Nichts in diesen Entwicklungen ist abgeschlossen. Den offenen, unerledigten Fragen nachzubohren, ist das, was zum exemplarischen Lernen, das du erwähnt hast, elementar gehört. Die Welt hat so vieles unerledigt hinter sich gelassen. Wie es heißt: »Die Vergangenheit ist nicht tot. Sie ist nicht einmal vergangen.« Das alles muss neu bearbeitet werden.

KLUGE Kant hat ja die Zukunft im Auge. Sein Ausgangspunkt ist und bleibt dabei, dass der zärtliche Keim, die Naturbegabung zur Vernunft, sich in dieser Zukunft auswirken wird. Dabei betrachtet Kant das »Baumaterial« hierfür äußerst kritisch.

Rebellionskraft und Neuerung gibt es in der Antike auch bei dem Aufrührer Catilina, der dabei terroristisch und gewaltsam vorgeht. Wir müssten aufgrund der Erfahrung des 20. Jahrhunderts auch Formen der »verbeulten Dialektik« und der »aus ihrer ursprünglichen Spur gerissenen Rebellionskraft« einbeziehen.

Das verweist auf den Futurismus und ist auch inmitten des Faschismus zu beobachten. Diese Erfahrung besitzt Kant nicht. Aber er spricht davon, dass im »krummen Holz«, in der Praxis der Menschen, etwas Aggressives, etwas Raublustiges, Ehrgeiz und Ungeselligkeit, existiert. Er nennt das den Antagonismus.

NEGT Ohne diesen Antagonismus, die doppelte Ausstattung des Menschengeschlechts zum Ungeselligen und zum Geselligen hin, zum Bösartigen und zum Guten, behauptet er, gäbe es auch den Fortschritt nicht. Er geht soweit zu behaupten, dass auch ein Volk von Teufeln, vorausgesetzt sie übten Vernunft, eine Republik gründen könnten. Man muss also mit dieser Zwieschlechtigkeit, einem kraftvollen Hang, nicht nur moralisch zu handeln, rechnen. In einem paradiesischen Zustand allseitiger Verträglichkeit, in dem die Löwen mit den Schafen zusammensitzen, die Menschen ohne Zutun wie im Schlaraffenland ihr Auskommen hätten, heißt es im Antagonismuskapitel, gäbe es keinen Fortschritt.

KLUGE In seiner grundlegenden Arbeit *Die Kinder des Prometheus. Geschichte der Menschen vor Entstehung der Schrift* hat Hermann Parzinger das für bestimmte real existierende Frühgesellschaften zum Beispiel derjenigen, die im Süden des Nil, bevor das Reich der Pharaonen entstand, »in einem Land, wo Milch und Honig fließt« lebten und in der Evolution der menschlichen Gesellschaft eine gewaltige Pause einlegten, beschrieben.

NEGT Kant rechnet mit Kräften und Gegenkräften sowohl auf dem Weg der Fortschritte als auch dem Weg des gesellschaftlichen Unglücks. Ihn beschäftigt die Beobachtung des Dämons Krieg. Der scheint ein ewiges Leben zu haben. Bei dem Friedensschluss in Münster und Osnabrück, der den dreißigjährigen Krieg (und was Spanien und die Vereinigten Niederlande betrifft einen achtzigjährigen Krieg) quasi durch einen »dauerhaften Waffenstillstand«, nämlich dem Versuch, einen Friedensschluss mit den Ideen des Völkerrechts zu verbinden zustande bringt, werden die Kriege keineswegs beendet. Es entstehen aber, sagt er, inmitten der Gewaltverhältnisse gewisse Formen rechtlicher Duldung. Wir, die wir den Frühling 1945 mit seinen weißen Fahnen erlebt haben, haben als Kinder zusehen können, wie inmitten der Gewalttätigkeit des Kriegs im Einzelfall die Kapitulation möglich ist. Sie ist schon gegenüber einem angreifenden Bombengeschwader unmöglich. Es gibt auch keine Kapitulationschance in den KZ-Lagern und bei Massenmord. Und heute beobachten wir in Berg Karabach in der Krisenzone zwischen Aserbaidschan und Armenien mit künstlicher Intelligenz gesteuerte Drohnen, gegenüber deren Sprengkraft keine Kapitulation möglich ist. In Syrien oder Berg Karabach sehen wir Verhältnisse, die primitiver und grausamer sind als im und vor dem dreißigjährigen Krieg, also bevor Hugo Grotius die Theorie des Völkerrechts entwickelte. Es scheint, dass es keine Zivilisierung des Kriegs auf Dauer gibt. Er bleibt bösartig. Dieser Dämon ist rückfällig.

KLUGE Wie bei den englischen Theoretikern gehören Krieg und Bürgerkrieg zum Denkhorizont bei Kant. Seine Beobachtungsgabe ist exakt und es liegt ihm fern, irgendetwas im Ausgangscharakter der Menschen, was Aggression betrifft, zu beschönigen. Umso entschiedener votiert er für Republikbildung über den Erdball hin und die Kunst, Frieden zu stiften.

NEGT Und rund hundertzehn Jahre nach seinem Tod haben wir das Jahr 1914. Das sind gewaltige Zeiten, in denen von einer Zunahme politischer Erfahrung wie man Krieg verhindert, nichts Entscheidendes geschehen ist. Das Industriezeitalter ist auf der republikanischen Seite und auf der Seite einer menschenwürdigen allgemeinen Gesetzgebung ein Jahrhundert der Versäumnisse. Das, was man Fortschritt nennt, fächert sich auf, vereinzelt sich, technischer Fortschritt dominiert.

KLUGE In der Schrift, in der er sich zur Ambivalenz menschlicher Kräfte kritisch äußert, beantwortet Kant eine Anfrage, ob er Fortschritt für möglich hält. Er kommt dann trotz seiner kritischen Beobachtung zu dem Ergebnis, dass in dem Menschen Kräfte darauf drängen, das vernünftige, gutartige Potential auch auszuüben.

NEGT »Was kann ich wissen?« »Was kann ich tun?« »Was kann ich hoffen?« Diese drei Fernsätze Kants sind als Frage formuliert. Sie sind aber als Aufforderung gemeint. Wenn Menschen denken, handeln und hoffen *können*, dann müssen sie ihrer Natur nach diese Fähigkeiten am Ende auch ausüben. Das ist der Freiheitsbegriff. Er ist aber bei Kant nicht auf eine bestimmte Linie festgelegt, mit der wir es zu tun haben, sondern bleibt ein Potential. Notwendig für Menschen ist es, die Mittel über die er verfügt, zu nutzen. Soweit seine Natur. Er ist ein zum aktiven Leben ausgerichtetes Lebewesen.

KLUGE Etwas steckt in uns Menschen, das Spinoza den CONATUS nennt. Wir sind mit dieser inneren Zeichensetzung geboren. Und Freiheit ist nicht nur eine Freiheit von einer Obrigkeit, sondern sie ist eine »Freiheit wozu«, nämlich zur Entfaltung seelischen und gesellschaftlichen Gleichgewichtssinns. Wir sind »Gleichgewichtler«, homo compensator. Die Begabung zur Republikbildung, zur Autonomie, steckt evolutionär im Menschenstamm.

NEGT Man könnte sagen, seine Fähigkeit, das Böse zu tun, ist nicht ganz so dauerhaft wie es die grausamen Szenen in Shakespeares Stücken nahelegen. Man könnte sagen, es gibt in den Menschen eine *leise Kraft* und die ist dem guten Willen gewidmet. Sie ist leise. Sie ist stark verteilt. Wenn man sie sucht, sieht man sie nicht sogleich. Sie ist aber ein Kraftfeld, das den Alltag regiert, in dem Kinder aufwachsen und sie ist stillschweigende Voraussetzung, dass Arbeitsprozesse unfallfrei und zu mehreren stattfinden.

KLUGE Hysterie, Bösartigkeit, Wut – das sind Eigenschaften des Menschen, die auch ermüden. Wenn ich zwischen den Zeilen bei Kant lese, glaube ich, dass das seinem Eindruck entspricht: Menschen sind von Haus aus nicht gutartig, aber dauerhaft und nachhaltig böse zu sein, fehlt ihnen die Kraft. Sie sind nicht auf der Höhe der Bösartigkeit, die einen Teil ihrer Gemütskräfte ausmacht. Sie sind Hochstapler oder Betrüger, wenn Sie meinen, sie könnten eine lange Zeit in der Rolle eines Jago leben, der im Drama *Othello* von Shakespeare zum Mord hetzt. Uns geht die Puste aus fürs Böse.

NEGT Wir sprechen von einem Mann, der London und Paris und eigentlich die ganze Welt in seinem Kopf bewegt. Er lebt aber in Königsberg wie ein Robinson. Er hat keine Reisen gemacht. Wovon er spricht, das kennt er zum Teil nur aus indirekter Erfahrung. Und er spricht zu einer überschaubaren Gesellschaft von mündigen Menschen, der Lesegesellschaft, die seine Schriften liest, er spricht zur klassischen Öffentlichkeit, und zwar im Wesentlichen in Europa. Das ist eine blühende, gebildete Gesellschaft, die die Jahrhundertwende von 1799 feiert, weil sie so gierig auf Fortschritt ist, dass sie den kalendarischen Jahrhundertwechsel zu Silvester 1800 nicht erst abwarten will. Heute sehen die Öffentlichkeiten und die Realitäten auf unserem Planeten anders aus. Die gediegene, klassische Ausdrucksweise von Kant trifft auf massive Sprachbarrieren. In den Vorstädten von Detroit im Rost-Gürtel in den USA, auch in Mittelengland und in den Vororten von London, dort, wovon das industrielle Zeitalter im 19. Jahrhundert seinen Ausgang nahm, haben wir Sprachschranken, die sich gegenüber der akademischen Redeweise sperren. Zur Fortsetzung der Denkarbeit, ein gewaltiges Programm, kommt Übersetzungsarbeit hinzu.

Orte der Verlässlichkeit

KLUGE Wo liegen für dich, Oskar, Orte der Verlässlichkeit? Die Währung, die in der Öffentlichkeit unternehmerisch organisiert wird, ist das Geld. Die tatsächliche Währung im Verhältnis von Medien und der Lebenswelt der Menschen ist aber die Lebenszeit. Nur wenn ich mich auf die Herkunft, den Ort, den öffentlich relevanten Charakter einer Nachricht verlassen kann, gebe ich Lebenszeit her. Ich zahle mit Aufmerksamkeit für etwas, das ich für verlässlich halte. Die »Sirenen im Zeitalter ihrer technischen Reproduzierbarkeit«, die Big Five in Silicon Valley und deren Algorithmenwelt verstehen sich präzise darauf, diese Bereitwilligkeit, ihnen Zeit zu opfern, in Gang zu halten. Bald werden sie unsere Wünsche und inneren Befindlichkeiten schneller und besser kennen als wir selbst. Hierauf bezieht sich meine Frage nach Orten der Verlässlichkeit, die einen Gegenalgorithmus zu dieser digitalen Welt erlauben, die mir oft ähnlich machtvoll vorkommt, wie in der antiken Welt die Götter. Darauf bezieht sich meine Frage an dich nach Orten der Verlässlichkeit. In Bezug auf die Musik und eine – für mein Empfinden – nur mit Musik herstellbaren Ernsthaftigkeit des Gefühls ist soetwas zum Beispiel das Opernhaus. Es steht in der Mitte großer Städte, es gilt als elitär, es hat Wurzeln in der plebejischen Öffentlichkeit wie bei Verdi, es handelt von extremen Emotionen, die im Alltag, bei der normalen Arbeit und in geschäftlichen Konferenzen nicht ausdrückbar wären. Die Medien handeln von den gleichen Konflikten, nur in einer Art Mittelwert, nicht von den Besonderheiten der extremen Ausschläge, aus denen die »Schwingung« in der authentischen Subjektivität tatsächlich besteht.

NEGT Ich würde die Bibliotheken, die Zentren der Wissenschaft dazuzählen. Vor allem aber die Schulen. Wenn ich Verlässlichkeit und Öffentlichkeit zusammenfüge, denke ich an

Bildungsprozesse, Schulen und die Erwachsenenbildung. Alle diese »Versammlungsformen« von Wissen, Orientierung über Handlungsmöglichkeiten, was immer auch die Orientierung über zukünftige Möglichkeiten und Verantwortung umfasst, was wir künftigen Generationen überlassen, alles das ist untereinander verbunden. Und ich habe die Hoffnung, dass hier Prozesse ablaufen weit unterhalb dessen, was wir mit voller Absicht tun oder planen. Die Schrift über soziologische Phantasie und exemplarisches Lernen, die du erwähntest, hat einige Jahre danach zur Gründung einer Schule durch eine Gruppe von Eltern geführt, dem Glocksee-Schul-Projekt. Das hat mich jahrelang beschäftigt. So etwas und anderes müssen wir und jüngere als wir es sind, immer erneut und von vorn wieder anfangen. Ich nenne das das Robustheitsprinzip. Es geht um das Prinzip der Bodenhaftung. Man muss immer erneut auf Anfang zurück und neu beginnen.

KLUGE Du bist 1969 nach einem deiner Seminare, wo alle Fraktionen der Protestbewegung in Frankfurt noch einmal am runden Tisch saßen, auf mich zugegangen. Wir haben uns dann für unser erstes Buch *Öffentlichkeit und Erfahrung* verabredet. Dieser runde Tisch damals in Frankfurt war im Zusammenhang der Großstadt unauffällig. Er war aber allein dadurch, dass alle die, die überhaupt nicht einer Meinung waren, zusammensaßen, ein Ort verlässlicher Orientierung. Das gehört zur Bauweise, von der Kant spricht. Man braucht zahlreiche solche runden Tische und die Geduld, dass sie sich vermehren. Wie weit weg wir von der Aufklärung sind und wie weit der Prozess der Aufklärung, von dem Kant ausgeht und für den er das Baumaterial und die Bauweise vorbereitet, er sich entfernt sieht, zeigt mir ein Beispiel: »Der Leuchtturm für Wanderer in der Wüste«, eine Skulptur, die der Revolutionär und Architekt, der im Wohlfahrtsausschuss der Französischen Revolution tätig war, entworfen hat. Es gibt nur ein Exemplar davon, das heute im Louvre steht. Das Objekt ist nie nach Afrika gelangt und hat nie in einer Wüste Wanderern Orientierung gegeben. Wir können uns aber vorstellen, welche enorme Bedeutung es hätte, gäbe es Orientierung an festen Plätzen, auffindbare Wegemarken ins Glück für Menschen, die aus der Mitte Afrikas durch die Sahelzone, also auch durch Wüsten, zur Küste des Mittelmeeres streben. Einige ertrinken bei dem Wagnis, ins gelobte Land, Europa, zu gelangen. Was wäre ein »Leuchtturm für Wanderer in der Wüste« im übertragenen Sinn?

NEGT Wenn wir es nicht tun, werden andere an diesem Projekt arbeiten. In jedem Fall ist es nicht nur so, dass wir Orientierung brauchen, dass nicht nur wir Orientierung auch beschaffen müssen für ganz andere Menschen, die

Orientierung brauchen und diese vermutlich nur in ihrer Weise herstellen werden. Nicht nur die Notwendigkeit, sondern – das ist der Kern von Kants Arbeit – ein Impuls in uns, der beobachtbar ist und offensichtlich in jeder Generation wiederkehrt, DER MAULWURF IN UNS, mit dem wir auch in den Köpfen anderer auch Fremder rechnen können – ist schon während wir reden dabei, sich zu betätigen. Etwas ist in uns, welches sich empört, wenn wir einfach tatenlos unsere Zeit verschwenden. Jürgen Habermas hat eben erst in der Zeitschrift Leviathan einen vehementen Aufsatz publiziert über den »weiteren Strukturwandel der Öffentlichkeit«. Es hindert uns nichts daran, im nächsten Gespräch daran anzuknüpfen.

Die *eigentümlich steile* Normativität der Grundrechte im Vergleich zur tatsächlichen gesellschaftlichen Praxis

Zwei Ausschnitte aus: Jürgen Habermas, *Überlegungen und Hypothesen zum erneuten Strukturwandel der Öffentlichkeit*

»... erst mit jenen revolutionären Akten, die Grundrechten positive Geltung verschafft haben, ist ein neues *normatives Gefälle* in das Bewusstsein der Bürger und damit in die *gesellschaftliche Realität* selbst eingezogen.

Das Neue an der historischen Tatsache dieser eigentümlich steilen, weil ›ungesättigt‹ über den Status quo hinausweisenden Normativität grundrechtlich fundierter Verfassungsordnungen lässt sich besser vor dem Hintergrund der üblichen gesellschaftlichen Normativität verstehen. Soziale Phänomene haben, ob es sich nun um Handlungen, Kommunikationsflüsse oder Artefakte, um Werte oder Normen, Gewohnheiten oder Institutionen, Verträge oder Organisationen handelt, einen regelhaften Charakter. Dieser zeigt sich an der Möglichkeit abweichenden Verhaltens; Regeln können befolgt oder verletzt werden. Nun gibt es verschiedene Sorten von Regeln – logische, mathematische, grammatische Regeln, Spielregeln und Handlungsregeln, und zwar instrumentelle und soziale Handlungsregeln, die sich wiederum nach strategischen und normativ regulierten Interaktionen unterscheiden lassen. Diese zuletzt genannten Normen sind es, die sich durch den eigentümlichen Geltungsmodus des Sollens auszeichnen. Solche normativen Verhaltenserwartungen können, was sich an der Art der Sanktionen für abweichendes Verhalten zeigt, *mehr oder weniger strikte* Forderungen stellen – die strengsten Forderungen erhebt die Moral. Die mit den achsenzeitlichen Weltbildern auftretenden universalistischen Moralen zeichnen sich dadurch aus, dass sie grundsätzlich die Gleichbehandlung aller Personen verlangen. Im Lauf der europäischen Aufklärung hat sich dieses moralkognitive Potential gelöst und so ausdifferenziert, dass – gemäß dem heute immer noch maßgeblichen Kantischen Tenor – jeder und jede Einzelne in ihrer unveräußerlichen Individualität die gleiche Achtung verdienen und die gleiche Behandlung erfahren *sollen*. Nach diesem Verständnis muss das Verhalten jeder Person in Berücksichtigung ihrer individuellen Lage nach genau den allgemeinen Normen beurteilt werden, die – aus der diskursiv geprüften Sicht aller möglicherweise Betroffenen – gleichermaßen gut sind für alle. [...]

Üblicherweise wählen soziologische Theorien allerdings einen grundbegrifflichen Ansatz, der den kognitiven Sinn dieser Geltungsdimension ausblendet und den Bindungseffekt der Sollgeltung auf die Androhung von Sanktionen zurückführt.«

[...] Mit der »Erklärung« der Grund- und Menschenrechte ist die Substanz der Vernunftmoral in das Medium des zwingenden, aus subjektiven Rechten konstruierten Verfassungsrechts eingewandert! Mit jenen *geschichtlich vorbildlosen* Akten der Gründung demokratischer Verfassungsordnungen hat sich am Ende des 18. Jahrhunderts die *bis dahin unbekannte* Spannung eines normativen Gefälles in das politische Bewusstsein von rechtlich freien und gleichen Staatsbürgern eingenistet. [...]

»TANZSCHRITT DES GEDANKENS«

DIE SCHEMATA DER EINBILDUNGSKRAFT BEI KANT

Das Schematismus-Kapitel, in der *Kritik der reinen Vernunft* gilt als besonders schwierige Lektüre. Als SCHEMA bezeichnet Kant das verbindende Dritte, eine Fähigkeit, welche zwischen den beiden Stämmen der Erkenntnis, der *Sinnlichkeit* und dem *Verstand*, vermittelt. Das ist die EINBILDUNGSKRAFT. Kant verwendet das Wort Schema anders als wir das Wort heute verwenden. Er verwendet es in seiner ursprünglichen Bedeutung in der griechischen Antike.

Im Lateinischen entspricht dem griechischen Wort *Schema* das Wort *figura*: Form, Gestalt, Zusammenhang. Im Griechischen bezeichnet das Wort *Schema* ein Zeichen oder Vorzeichen, auch eine Formgestalt, aber auch den Tanzschritt. Schema ist ein Wort für Rhythmus, Taktschlag.

Im Hirn ist keine Kuh, wenn ich eine Kuh auf der Weide sehe oder »Kuh« denke. Es gehört eine extrem lange Evolution zwischen Außenwelt und der Innenwelt unserer Vorfahren, auch derjenigen aus der Tierwelt, dazu, dass eine Einbildungskraft entsteht, die die Zeichensetzung in uns und die Zeichensetzung der Realität draußen zueinander kongruent macht. Große Massen an unwahrscheinlichem Zufall sind nötig, dass über Milliarden Mutationen eine solche Anpassung zwischen Individuum und der Objektivität möglich ist. Von diesem Wunderwerk der Natur leitet sich der Kanon und die Architektonik des kantischen Vernunftbegriffs ab. Wenn dieses Wunder möglich ist, dann werden, so Kant, die Menschen von diesem Wunderwerk auch Gebrauch machen.

EINE ROTTE AUS *KRUMMEM HOLZ* MIT GESTÖRTEM »SCHEMA DER EINBILDUNGSKRAFT«

Eine Truppe von »krummem Holz«, ein sogenanntes Sonderkommando an der deutschen Ostfront 1941, zusammengestellt aus Polizisten, Kriminalbeamten, Berufssoldaten, Lehrern und Laien – alles andere als eine »Einheit« (nannte sich aber so) – war in der Frühe um fünf Uhr zum Apell angetreten. Jeder für sich Träger eines »Gewissens«. Die Art der Befehle, gab dem krummem Holze ein, dass das, wozu es bestimmt war, besser ungetan bliebe. So setzte sich eine zaghafte, zweiflerische Truppe in Marsch.

Ein Tag voller Wartezeiten und Aktion. Am Spätnachmittag schossen sie an einem Waldrand drei Stunden lang auf die dort aufgestellten Partisanen sowie auf eine »Partie angelieferter jüdisch-bolschewistischer Kommissare«. Eine Verständigung untereinander, dass sie alle danebenschießen oder so zielen sollten, dass die Kugeln über die Köpfe der Delinquenten geflogen wären, kam nicht zustande. Das hier war keine Republik, kein Ort für eine allgemeine Gesetzgebung. Sie schossen schlecht, unmotiviert, aber sie schossen. »Die Ernte des Tages wurde eingebracht«. Im Durcheinander der Schüsse lagen viele hingestreckt, die »nur verletzt worden waren«. Sie mussten nachträglich durch Unteroffiziere individuell getötet werden.

Dann das erlösende durch die Kehle zischende Bier nach Rückkehr in die Baracken. Kameradschaftsabend mit Liedern wie »Ich hab mein Herz in Heidelberg verloren«, »Heimat, deine Sterne«, »Es war einmal ein treuer Husar« und »Unwirtlich will es mir scheinen ...«. Das tröstete keinen. Es verwirrte die Gemütskräfte und den Verstand. Beide *Stämme der Erkenntnisvermögen*, die Sinne und der Verstand, fanden nicht zueinander. Die Truppe saß in achtzehn Bankreihen.

Unter ihnen befand sich ein EINZELNER KANTIANER – einer unter 216. Auch er hatte tagsüber mitgeschossen. Er fühlte sich abgetrennt von der Mehrheit der Truppe, aber auch getrennt von seinen eigenen Gemütskräften. Alle Arten der Einbildungskraft haderten in ihm. Gern wäre er bereit gewesen, den Tagesverlauf, alles, was er gesehen oder selbst getan hatte, zu leugnen. Die im Raum umherirrenden Gesänge – mit Klavierbegleitung eines gefangenen Klavierspielers, der von der Erschießung im Hinblick auf die Abendveranstaltung ausgespart und für die Erschießung am folgenden Tag bestimmt war – vor allem aber das viele Bier, halfen, die Eindrücke des Tags zu vernebeln. Die Lichter der Baracke, ein Weihnachtsbaum (denn die Tage gingen auf Heiligabend zu), in den Ohren noch das Schussgeräusch des späten Nachmittags – alles wirr. Der Kantianer, ein Lehrer, hieß Hans Dietrich Tscheche. Die Wortwahl »das Bier zischt« bezog sich nicht auf ein Geräusch, sondern auf eine sinnliche Wahrnehmung im Hals sowie in der Speiseröhre, die an die Wohligkeit von Bierabenden an glücklicheren Tagen erinnert. Im Moment passte das Wort nicht zur Situation. Einbildungskraft vermochte in der Diskrepanz nicht zu vermitteln.

Anderntags keine Verdauung. Bei Hans Dietrich Tscheche nicht und bei vielen anderen auch nicht. Der Darm hatte nächtens die Arbeit eingestellt. Die Kotsäule drückte. Dabei war sich der KANTIANER IM ELENDSLAND bewusst, dass er selbst – nur vier Schüsse hatte er abgegeben – nicht etwa »ungezielt«, sondern genau auf eine Stelle des Horizontes geschossen hatte, an der die Kugel niemand treffen konnte. Allein aber das Stehen und Hantieren inmitten der Exekution hatte der Seele und dem Körper die Fassung geraubt.

Hätte er, fragte sich der Kantianer, in jenem Augenblick am Waldrand, in welchem das Kommando »Feuer« gerufen wurde, vorspringen und schreien sollen: »Kameraden, schießt auf mich!«. Er wäre niedergemäht worden, sagte er sich. Die Kameraden wären zu überrascht gewesen, hätten ihren Sinn nicht rasch genug umstellen können und trotz der Intervention weitergeschossen. Eine seiner Seelenkräfte sagte ihm, er hätte dennoch etwas in dieser Art tun sollen. Dagegen votierte sein Verstand. Die Tat hätte keines der Leben, die dem Erschießungskommando in Reihe gegenüberstanden, gerettet, argumentierte der Verstand. Offenbar waren Bauch und Darm durch rationales Argumentieren nicht zu überzeugen. »Gründe trösten nicht«. Als sich das Kommando am nächsten Tag um fünf Uhr früh zu neuem Apell aufstellte, hockte er noch im Busch, quälte sich: nichts kam.

9

»Für Gleichgültigkeit ist im Rettungsboot kein Platz«

Oskar Negt in einer Sendung
des Magazins 10vor11:
Höllenfahrt der Selbsterkenntnis.
Im Fenster G. W. F. Hegel.

G. W. F. Hegel

Pilze mit unterirdischem
Wurzelwerk: »Rhizomen«.

»Der Philosoph Hegel hielt Pilze
nicht für Lebewesen,
weil sie nicht denken können …«

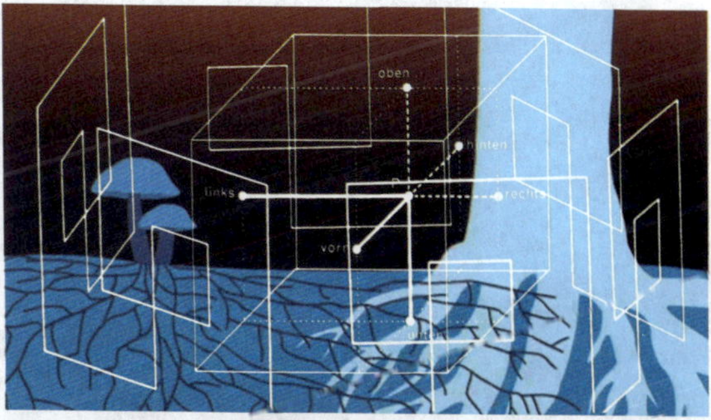
oben
hinten
links
rechts
vorn

zurück
vor
gelb
blau

Oskar Negt / Christine Morgenroth

Ich erinnere mich deutlich an die Seminarreihe für Manager·innen zum Thema »Ethik professionellen Handelns«, in denen ich in den 90er Jahren gemeinsam mit meiner Frau, einer Sozialpsychologin, durch die Anstrengungen des philosophischen Begriffs und im Bezug auf die konkreten Erfahrungen der Teilnehmer·innen arbeiten wollten. Durch die Analyse schwieriger Entscheidungssituationen, in denen die zumeist jungen Manager·innen sich befunden hatten, sollten sie wichtige philosophische Positionen kennenlernen, die eine theoretische Grundlage für Konfliktfälle aus ethischer Perspektive sein können. Diese sollten dann an Fällen aus der Praxis der Manager·innen auf praktische Tauglichkeit hin befragt werden. Es ging dabei zunächst um kognitives Lernen, ganz traditionell.Wir hatten vier Positionen vorbereitet. Aristoteles mit der Nicomachischen Ethik, der sich für die Ausgewogenheit, die Balance zwischen zwei Extremen als die wesentliche Tugend ausspricht. Kant steht mit seinem kategorischen Imperativ und dem moralischen Gesetz in mir und dem gestirnten Himmel über mir für die Moralphilosophische Position, wohingegen am Ansatz Max Webers die Verantwortungsethik von zentralem Interesse war, gefolgt von Jonas als dem modernsten, weil jüngsten Philosophen, der den Aspekt der Globalität ins Spiel bringt.

Wir ermutigten die Teilnehmer·innen, Spezialistengruppen zu bilden und berufliche Entscheidungssituationen einander vorzustellen, die streng aus der Perspektive der jeweiligen Theorie diskutiert, verstanden und eingeschätzt, also bewertet werden sollten.

Diese jungen Leute besaßen eine schnelle Auffassungsgabe, die Theorien waren zügig in die Kognitionen aufgenommen – wenngleich natürlich nicht gründlich verdaut und verarbeitet. Nun ging es darum, die Instrumente und ihre Tauglichkeit in Bezug auf die eigene Praxis zu überprüfen.

Mit allen Theorien ließ es sich arbeiten und eine gewisse Nützlichkeit konnte als erwiesen gelten.

Kant jedoch wurde zum besonderen Liebling in den Arbeitsgängen, an ihm entzündeten sich die lebhaftesten Arbeitsprozesse.

So stellte zum Beispiel ein junger, bleichgesichtiger Mann, offenbar ein Chemiker aus der Abteilung Forschung und Entwicklung eines Großunternehmens der Kosmetik-Industrie, seinen Fall vor:

Eine neue Reinigungscreme befindet sich noch in der Testphase, die hier besonders relevant ist, weil winzige Micro-Bestandteile den Reinigungseffekt verstärken sollen, ein hochinnovatives Verfahren. Nun hatte ihm sein Chef zu verstehen gegeben, die Testphase als abgeschlossen zu betrachten und die Creme freizugeben für den Verkauf, denn das Weihnachtsgeschäft stand vor der Tür.

Er befand sich nun in einem moralischen Dilemma, sollte er die wissenschaftlichen Standards einhalten, die noch einige Schritte mehr bis zur endgültigen gefahrlosen Freigabe erfordert hätten? Oder sollte er dem unmissverständlichen Wunsch seines Vorgesetzten folgen, da die Testreihe ja »nahezu« abgeschlossen sei und bislang keinerlei Probleme gezeigt habe?

Eine leidenschaftliche Diskussion entbrannte, in der alle Teilnehmer zahllose Beispiele für die Gefahren einbrachten, die mit einem vorzeitigen Abbruch solcher Testreihen verknüpft sind: geltende Gesetze werden gebrochen, solche Brechungen können Schule machen, in der Pharmakologie wird Scharlatanen das Tor geöffnet.

Dagegen wurde argumentiert, dass es gleichsam eine Arbeitsanweisung gibt, der gefolgt werden muss (es nicht zu tun ist ein Kündigungsgrund); der Vorgesetzte trage damit die Verantwortung, nicht der Forschungsmanager. Zudem müsse doch auch die Profitabilität bedacht werden, nur wenn die Umsätze stimmen, sind die Arbeitsplätze sicher.

In der ebenso sorgfältigen wie leidenschaftlichen Auseinandersetzung wurde bald deutlich, dass jeder einzelne im Raum nicht mit der Verantwortung leben wollte, eine Entscheidung zu treffen, die mögliche Gesundheitsgefahren für andere mit sich brachte und dass eine solche Entscheidung keinesfalls zu einem allgemeinen Gesetz werden und auf andere Anwendungsgebiete transferiert werden könne.

Besonders eindrucksvoll war die abschließende Bemerkung des jungen Forschungsmanagers: Diese Diskussion habe ihm den Rücken gestärkt und er habe jetzt den Mut, sein Nein klar zu formulieren und seinem Chef gegenüber zu vertreten.

Ob es in der unternehmerischen Praxis dazu gekommen ist, können wir nicht sagen.

Dass aber im Denken der Manager·innen eine vorwegnehmende Erfahrung erzeugt wurde, die von einer Gruppe Mitdenkender getragen war, das ist gewiss.

21. Jahrhundert.
Anlage auf der Südhalbkugel der Erde,
die in den *bestirnten Himmel*
»hineinhorcht«.

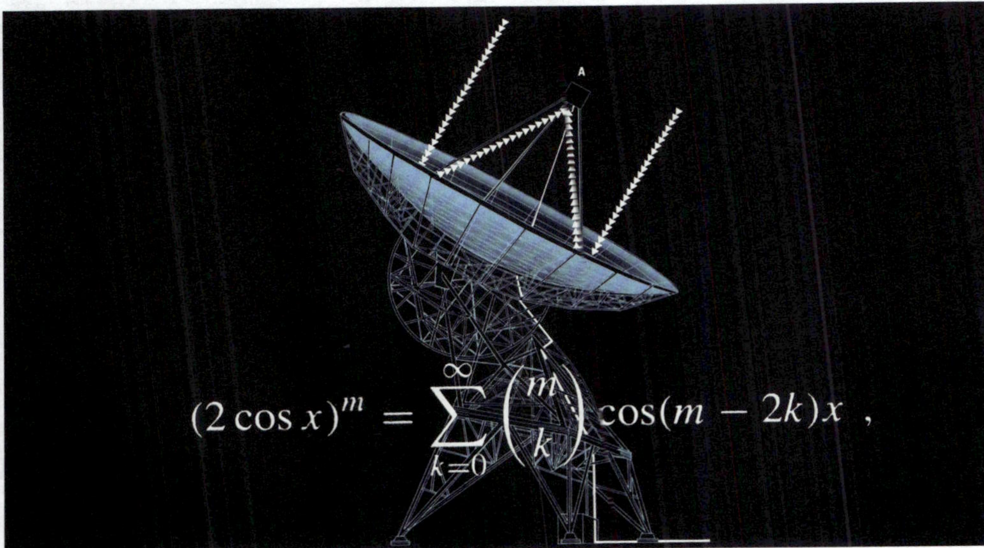
A
$(2\cos x)^m = \sum_{k=0}^{\infty} \binom{m}{k} \cos(m-2k)x$,

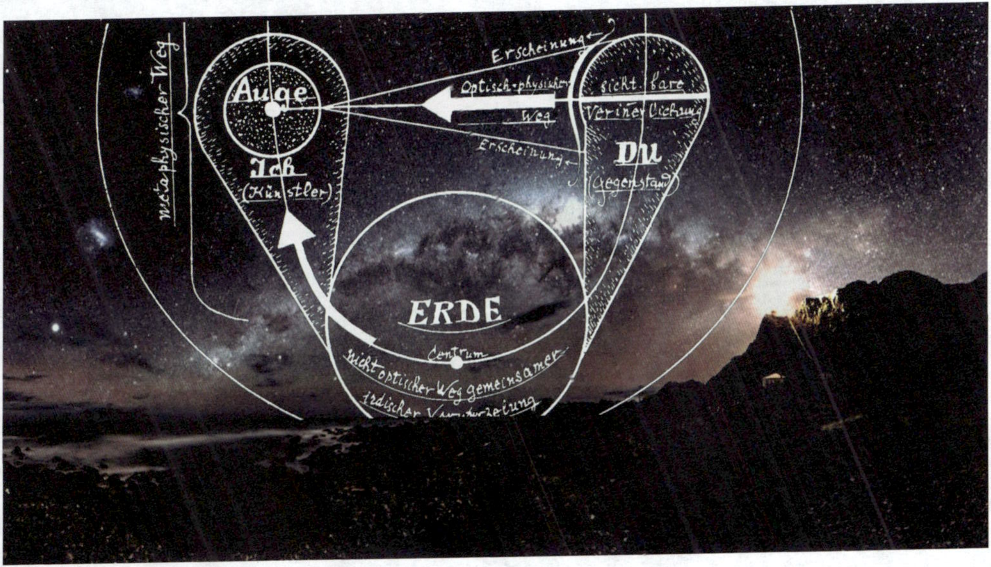
metaphysischer Weg
Auge
Ich
(Künstler)
Erscheinung
Optisch-physischer
Weg
Erscheinung
sicht bare
DU
(Gegenstand)
ERDE
Centrum
nicht optischer Weg gemeinsamer

Wer sich an Kant hält, dem muss alle Metaphysik erscheinen wie das hartnäckige Surren einer großen Fliege an einem fest geschlossenen Fenster. Überall wird das Tier einen Durchlass vermuten und nirgends gewährt die unerbittliche Scheibe etwas anderes als –

Durchsicht.

Christian Morgenstern

Oskar Negt / Christine Morgenroth

WAS HAT KANT MIT DER FRANZÖSISCHEN REVOLUTION ZU TUN? UND WIE PASST GRETA THUNBERG DAZU?

Es gab einen Freitag im Jahr 2018, es war der 20. August, da entschied sich ein 15jähriges Mädchen in Stockholm dazu, sich vor den Reichstag zu setzen, statt am Unterricht der Schule teilzunehmen. Sie hatte ein selbstbeschriftetes Pappschild bei sich, auf dem stand: »Schulstreik für das Klima«.

Aus diesem Akt zivilen Ungehorsams erwuchs mit erstaunlicher Geschwindigkeit die imposante Jugendbewegung »Fridays for Future«. Es ist nicht bekannt, ob Greta sich mit den Schriften Immanuel Kants beschäftigt hat. Man könnte jedoch auf den Gedanken kommen, dass sie einigen seiner Grundideen folgte, etwa seinen vier zentralen moralphilosophischen Leitfragen:

Was kann ich wissen?

Was soll ich tun?

Was darf ich hoffen?

Was ist der Mensch?

Die ersten drei dieser Fragen finden sich bereits in der 1781 erschienen Schrift *Kritik der reinen Vernunft*.

Dieses junge Mädchen hatte sich intensiv mit dem Klimawandel beschäftigt, alle zugänglichen Schriften gelesen, begonnen gewiss mit dem Bericht des Club of Rome, »Die Grenzen des Wachstums« (von 1972); sie hatte sich soviel Wissen angeeignet, wie es ihr zugänglich war, und gilt inzwischen auch unter Expert·innen als ausgewiesene Fachkennerin.

Offenkundig waren die Regierungen der Welt nicht in der Lage, die globale Erwärmung aufzuhalten, da sie sichtbar – das Schmelzen der Pole und andere Naturphänomene zeigten es ständig – voranschritt. Sie wollte es nicht widerstandslos geschehen lassen und traf die Entscheidung, als einzelne kleine Person sichtbar Widerstand zu leisten, mit ihren bescheidenen Mitteln: sie tat etwas, sie begann ihren Schulstreik.

Hat sie geahnt, dass daraus eine internationale Jugendbewegung werden würde, als deren Initiatorin sie gefeiert wurde und mit ihren Positionen sogar vor der UNO sprechen durfte (»How dare you!?«)? Vermutlich nicht. Aber in ihrem Verhalten repräsentiert sie einen Hoffnungsfunken, der überspringen konnte, der auch andere Jugendliche nachdenklich machte und schließlich dafür begeisterte, ein Zeichen zu setzen mit ihrem Schulstreik und eine Erwartung an die Mächtigen dieser Welt zu formulieren, nicht länger die Zukunft der Kinder zu verspielen zugunsten kurzfristiger, zumeist eigennütziger politischer Interessen.

Der Mensch, so könnte sich Greta die vierte Frage beantwortet haben, ist in der Lage, selbst zu denken, seine Schlüsse aus Wissen und Erfahrungen zu ziehen und dazu eine öffentliche Gegenposition einzunehmenn, auch durch entschiedenes politisches und gewaltfreies Handeln.

Ziehen sich diese drei bzw. vier Fragen bereits durch die frühen Schriften von Immanuel Kant, so findet sich seine erstaunliche Stellungnahme zur Französischen Revolution in einem eher späten Werk, im *Streit der Fakultäten* von 1797. Dort ist zu lesen:

> »Die Revolution eines geistreichen Volkes, die wir in unseren Tagen haben vor sich gehen sehen, mag gelingen oder scheitern; sie mag mit Elend oder Greueltaten dermaßen angefüllt sein, dass ein wohldenkender Mensch sie, wenn er sie, zum zweitenmale unternehmend, glücklich auszuführen hoffen könnte, doch das Experiment auf solche Kosten zu machen nie beschließen würde – diese Revolution, sage ich, findet doch in den Gemütern aller Zuschauer (die nicht selbst in diese Spiele mit verwickelt sind) eine Teilnehmung dem Wunsche nach, die nahe an Enthusiasm grenzt, und deren Äußerung selbst mit Gefahr verbunden war, die also keine andere, als eine moralische Anlage im Menschengeschlechte zur Ursache haben kann.« [S. 358]

Die Französische Revolution von 1789 mit ihren Leitbegriffen Freiheit, Gleichheit, Brüderlichkeit wird von Kant trotz der beträchtlichen Gewaltexzesse der Jakobiner und dem leichtfertigen Einsatz der Guillotine, die auch Robespierre selbst zum Verhängnis wurde, ihrer Idee nach begeistert vertreten. Freiheit und Gleichheit sind Begriffe mit einer Strahlkraft, denen zahllose Menschen folgen können, weil sie sich ebenfalls dafür begeistern. In der unbezweifelten Tatsache dieser massenhaften Begeisterung erkennt Kant eine menschliche Fähigkeit (»Anlage im Menschengeschlechte«) zur moralischen Beurteilung einer Situation und einen entschiedenen Willen zum Besseren.

Dies führt nahezu zwangsläufig zu der Annahme eines Rechtsanspruchs:

> »Diese moralische einfließende Ursache ist zwiefach: Erstens die des Rechts, daß ein Volk von anderen Mächten nicht gehindert werden müsse, sich eine bürgerliche Verfassung zu geben, wie sie ihm selbst gut zu sein dünkt; zweitens: die des Zwecks (der zugleich Pflicht ist), dass diejenige Verfassung eines Volks allein an sich rechtlich und moralisch gut sei, welche ihrer Natur nach so beschaffen ist, (... dass ...) der Krieg (der Quell aller Übel und Verderbnis der Sitten) abgehalten, und so dem Menschengeschlechte, bei aller seiner Gebrechlichkeit, der Fortschritt zum Besseren negativ gesichert, im Fortschreiten wenigstens nicht gestört zu werden.« [S. 359]

Dass eine solche Verfassung nur eine republikanische sein kann, wird gleichsam vorausgesetzt und als Rechtsbehauptung gefasst:

> »Ein mit Freiheit begabtes Wesen kann und soll also, im Bewußtsein dieses seines Vorzugs vor dem vernunftlosen Tier, nach dem formalen Prinzip seiner Willkür keine andere Regierung für das Volk, wozu es gehört, verlangen, als eine solche, in welcher dieses mit gesetzgebend ist.« [siehe Anmerkung S. 360]

Zwar steht Kant der revolutionären Gewalt, die auch zur Französischen Revolution gehört, skeptisch, gar ablehnend gegenüber, jedoch sind die Ziele der menschlichen Freiheit und Gleichheit von derartiger Überzeugungskraft, sind geeignet, das »Fortschreiten der Menschheit zum Besseren« zu unterstützen, dass sich eine Vorhersage treffen lässt:

> »Denn ein solches Phänomen vergißt sich nicht mehr, weil es eine Anlage und ein Vermögen in der menschlichen Natur zum Besseren aufgedeckt hat. [...] Denn jene Begebenheit ist zu groß, zu sehr mit dem Interesse der Menschheit verwebt [...] als dass sie sie nicht in den Völkern, bei irgendeiner Veranlassung günstiger Umstände, in Erinnerung gebracht und zu Wiederholung neuer Versuche dieser Art erweckt werden sollte;« daher gilt: »dass das menschliche Geschlecht im Fortschreiten zum Besseren immer gewesen sei, und so fernerhin

fortgehen werde, (... zum ...) Endzweck der Schöpfung selbst«. [S. 362]

Es finden sich hier bemerkenswerte Aussagen zu einer anthropologischen Gewissheit, dass dem Menschen, der Menschheit als Ganzer ein ausdrücklicher Wille, ein Fortschreiten-Wollen zum Besseren eigen sei, der sich durchsetzen werde, weil er letztlich ein Naturrecht darstellt – und somit keiner revolutionären Gewalt bedarf, sich vielmehr in einem evolutionären Prozess realisieren wird.

Da aber der Mensch aus krummem Holz geschnitzt ist (aus dem kein gerades Stück gezimmert werden kann) erscheint die Gewalt der Französischen Revolution allein deswegen hinnehmbar, weil sie auf eine republikanische, der Gewaltfreiheit verpflichtete Verfassung hinstrebe, die auf dem Willen der Menschen zum Besseren beruht. Dieser kollektive Wille wird nicht in Vergessenheit geraten können, »weil es eine Anlage und ein Vermögen in der menschlichen Natur zum Besseren aufgedeckt hat« [S. 361], das unter bestimmten Bedingungen, seien sie zufällig oder gezielt hervorgerufen, wieder in Erscheinung tritt.

An dieser Stelle kommt Greta erneut ins Spiel: Wenn sogar der Moralphilosoph Immanuel Kant die Gewalt der Französischen Revolution billigend in Kauf nimmt, um dem Fortschreiten der Menschheit zum Besseren zu dienen, wäre dann angesichts der exorbitanten Bedrohung, die das Überleben der Menschheit fraglich werden lässt, der strikten Gewaltgegnerin Greta Thunberg und ihrer Klimabewegung ein wenig mehr Macht und Durchsetzungskraft zu wünschen?

Ist angesichts der gewaltigen, existenziellen Bedrohung durch die Zerstörung der Lebensgrundlagen, ja des gesamten Planeten die strikte Gewaltfreiheit der Klimabewegung überhaupt noch zu rechtfertigen?

Danton
als Justizminister
1792.

Szene im Prozess gegen Danton 1794.
Danton in der Mitte, stehend.
Links neben ihm zwei Schwarzhändler,
die die Anklage auf die gleiche
Anklagebank gesetzt hat.
Ganz links der Ankläger.

LIBERTÉ OU LA MORT
Marat
Depot

Es ist 1794,
in seinem Todesjahr,
nicht mehr als ein Jahr her,
dass Danton
die siebzehnjährige
Louise Sébastienne
heiratete.

Danton.
Mund und Gesicht sind
von Narben gezeichnet.
Seit seiner Kinderzeit.

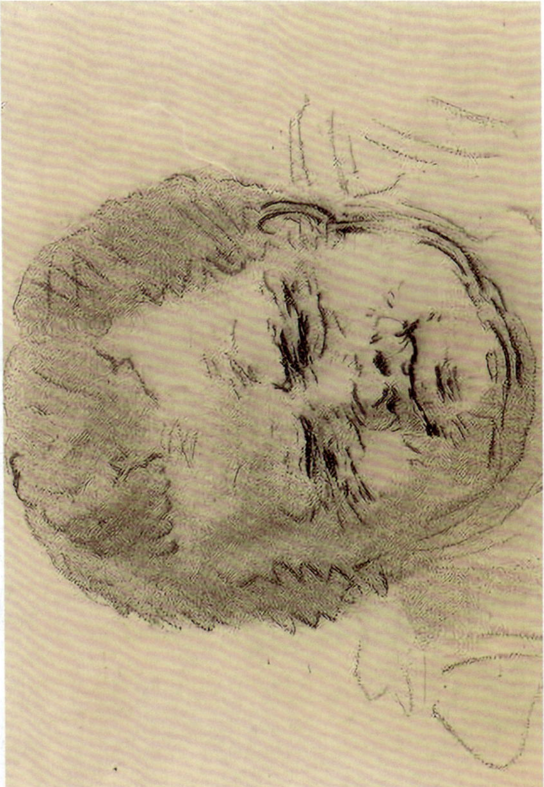

Ein Vertreter der
Dritten Internationale
bei der Einweihung eines
Denkmals für Danton.

DANTON

Die Umstände, unter denen Danton zu Tode gebracht wird, die Berichte über den Prozess, irritieren den Philosophen. Statt zwölf sind für den Prozess nur sechs Geschworene tatsächlich an der Urteilsfindung beteiligt. Der Sansculotte Herman – als vorsitzender Richter – zeigt sich parteiisch. Er protegiert den Ankläger. Als am Abend des letzten Prozesstages die Verteidigungsrede von Danton offensichtlich im Gerichtssaal, in dem Publikum der Verhandlung folgt, an Überzeugungskraft gewinnt, bricht der Richter die Verhandlung ab. Er vertagt sie auf den nächsten Morgen. In der Nacht noch erreicht er, dass der Konvent – die gesetzgebende Versammlung – einen Beschluss fasst, dass Angeklagte, die sich kontrarevolutionär, widerspenstig oder aufsässig verhalten, vom Gericht nicht angehört werden müssen. Der Beschluss des Konvents wird noch vor Morgengrauen erwirkt. Dieses Votum gestattet es dem Ankläger und dem Richter weitere Äußerungen Dantons und seiner Verteidiger zu unterbinden.

Was Immanuel Kant im Kleingedruckten der Edinburgher Zeitung besonders irritiert, ist die Zusammensetzung der Anklagebank. Es sitzen auf dieser Bank Wirtschaftskriminelle und politisch Angeklagte in bunter Mischung. Kant hatte den Verdacht, obwohl er keine Prozesserfahrung besaß, dass diese »Mischung« der Anklage eine »Stimmung« erzeugen sollte, bei der die

Verurteilung der EINEN zu einer Verurteilung der ÜBRIGEN (der Politischen) animiert. Kant weiß durchaus Kleingedrucktes zu entziffern.

Das Todesurteil gegen Danton wird in dessen Abwesenheit gefällt.

Das alles ist für Kant schwer zu ermitteln, da die Nachrichten aus Paris zensiert werden und die britischen Kommentare aus einer frankreichfeindlichen Position geschrieben sind. Danton, der temperamentvolle »Justizminister der Freiheit«, nämlich der Periode von 1792, wird – so Kants Eindruck – offenbar »ungesetzlich« und »widersinnig im Sinne der Lebendigkeiten der Republik« hingerichtet. Es wäre besser, meint Kant, wenn es ein MASSNAHMERECHT, wie es der Konvent in der Nacht vor der Verurteilung ausübte, nicht gäbe. Den Begriff Maßnahmerecht kannte er nicht, Kant hätte also eine andere Bezeichnung wählen müssen. Maßnahmerecht ist erst ein Phänomen des Faschismus. Es gehört zum Denken von Kant, dass kein Recht aus parteiischer, mit dem Gemeinwillen nicht konvertierbaren Plötzlichkeit entstehen kann. Es ist nicht zulässig, in einer Nacht mit einer knappen Mehrheit, die nur zustande kommt, weil so viele Abgeordnete nicht anwesend sind, die Prozessordnung zu ändern.

Andererseits war Kant nicht gesonnen, der »Propaganda der Konterrevolution« zuzuarbeiten. Dantons Prozess hat er *nicht* kommentiert.

[...] Durch eine Revolution wird vielleicht wohl ein Abfall von persönlichen Despotism und gewinnsüchtiger oder herrschsüchtiger Bedrückung, aber niemals wahre Reform der Denkungsart zu Stande kommen [...]

Kant

»UT CUM RATIONE INSANIAS«

Kant stützt sich bei diesem Zitat auf einen Text des Römers Terenz: »Dass Du mit Vernunft Verrücktheit betreibst«. Dies ist der Fall bei einem religionsähnlichen Umgang mit der Vernunft, dem »Vernunftglauben«. Im Prozess der Aufklärung kann sich eine Überschätzung der Verstandestätigkeit ereignen, die auf die republikanische Praxis durchschlägt. Schleicht sich dieses ALLMACHTSGEFÜHL des Menschen ein, das sich tyrannisch aufführt und Unvernunft, Gewaltsamkeit, Arroganz produziert, entsteht eine Defizienz der Vernunft. Vernunft, so Kant, verträgt sich – so wenig wie die Revolution – mit Gewaltsamkeit.

[...] Ich verstehe aber unter dem öffentlichen Gebrauche seiner eigenen Vernunft denjenigen, den jemand als Gelehrter von ihr vor dem ganzen Publikum der Leserwelt macht. Den Privatgebrauch nenn ich denjenigen, den er in einem gewissen ihm anvertrauten bürgerlichen Posten, oder Amte, von seiner Vernunft machen darf. [...]

Kant

ÖFFENTLICHKEIT DES VERNUNFTGEBRAUCHS NACH KANT

Ein Militär oder ein Landrat ist gehalten, die Geheimnisse seines Geschäftsbereichs (die »Arkana«) zu wahren. Er kann auch nicht öffentlich die Befehle seines Vorgesetzten oder seines Monarchen aussetzen. Deshalb bezeichnet Kant diesen Sektor der Realität, den der öffentlichen Amtsgewalt, als PRIVAT. Gleicherweise sind privat die Intimbereiche der Familie, die Liebesverhältnisse, die Geldgeschäfte und die »spontanen Lebendigkeiten«. Sie sind zugänglich für die Vernunft, aber es geht hierbei um den PRIVATGEBRAUCH DER VERNUNFT. Ihr öffentlicher Gebrauch setzt die Lesewelt voraus: die Kommunikation der Gebildeten. Im Jahr 1801 gibt es eine Vielfalt an Buchproduktion und eine Vielfalt von Zeitschriften und Magazinen, wie sie erst wieder durch die Massenpresse im Jahr 1929 erreicht wird. Im Gegensatz zur Massenpresse besitzt aber die LESEWELT, von der Kant spricht, eine gediegene Form der Auseinandersetzung, eine Professionalität der Teilnehmer darin, auch mit dem Gegner mit Anstand, in der Höflichkeitsform von Clubs, in der Zuwendung von Freundschaftstempeln auszutauschen. Die Gruppen, welche die Lesewelt, eine Republik des Geistes, bilden, sind solide Moleküle, aus denen sich höhere Organisationen des Fortschritts, das BAUZEUG FÜR EINE BESSERE WELT, entwickeln lässt.

Dieser Lesewelt entspricht eine Reisewelt. Gebildete bereisen den Gran Giro d'Italia und den Piccolo Giro d'Italia. Einige der Aufklärung gewidmeten Reisen führen in die Südsee. Die Erforschung fremder Sitten und Völker reicht weit nach Sibirien und erstreckt sich nach Grönland oder nach Amerika. Irrtümer und Erfahrungen pflanzen sich in Windeseile fort. Beides wird begierig und allseitig geteilt und kommunikativ umverteilt.

In *Strukturwandel der Öffentlichkeit* ist diese Errungenschaft einer aktiven Lesewelt, einer breit angelegten ATMOSPHÄRE ALLGEMEINER AUFMERKSAMKEIT der Ausgangspunkt der Analyse von Jürgen Habermas. Bis zu den Debatten der studentischen Protestbewegung von 1967 und deren emphatischer Forderung von der »Herstellung von Öffentlichkeit« ist ein weiter Weg: Permanent finden Wandlungen der Öffentlichkeitsstruktur statt.

Oskar Negt / Christine Morgenroth

ÜBER WELTBÜRGERRECHT, REICHTUMSVERTEILUNG UND KLIMAKATASTROPHE

Als nahezu enthusiastischer Befürworter einer republikanischen Verfassung auf nationaler Ebene vertritt Immanuel Kant Auffassungen zu einer staatlichen Rechtsform, die sich heute als repräsentative Demokratie in der westlichen Hemisphäre durchgesetzt hat. Unter Beteiligung des Volkes werden Gesetze formuliert, deren Geltung von allen Menschen anerkannt wird und anerkannt werden kann, da sie an deren Entstehung beteiligt waren. Diese voraussetzungsvolle und strenge Ausrichtung auf Legalität, das Grundvertrauen in Gesetze, führt in Kants Denken zu einer strikten Ablehnung von revolutionärer wie auch jeder anderen Form von Gewalt, die, wie übrigens ebenso Formen der direkten Demokratie, zu Chaos und Anarchie führen müssen. Haben nun alle Staaten den Weg zu einer republikanischen Verfassung gefunden, werden sie allein durch Vernunft geleitet auf Angriffskriege verzichten, weil diese zwingend Gegenschläge des Angegriffenen zur Folge haben müssen. Er vertraut auf eine auf Vernunft basierenden Einsicht in die Unvernunft von Kriegshandlungen, die daher zu unterlassen seien.

Da aber die republikanisch verfassten Staaten dennoch gültige Formen des Umgang untereinander entwickeln müssen, formuliert er die Idee eines Weltbürgerrechts, an dessen Regeln alle Staaten (und somit alle Individuen) gebunden sind. Eines dieser Gesetze ist als Recht auf Hospitalität formuliert.

> »Es ist hier ... vom Recht die Rede, und da bedeutet Hospitalität (Wirtbarkeit) das Recht eines Fremdlings, seiner Ankunft auf dem Boden eines anderen wegen, von diesem nicht feindselig behandelt zu werden. Dieser kann ihn abweisen, wenn es ohne seinen Untergang geschehen kann; so lange er aber auf seinem Platze sich friedlich verhält, ihm nicht feindlich begegnen. Es ist kein Gastrecht, worauf dieser Anspruch machen kann, ... sondern ein Besuchsrecht, welches allen Menschen zusteht, sich zur Gesellschaft anzubieten, vermöge des Rechts des gemeinschaftlichen Besitzes der Oberfläche der Erde, auf der, als Kugelfläche, sie sich nicht ins Unendliche zerstreuen können, sondern endlich sich doch neben einander dulden zu müssen, ursprünglich aber niemand an einem Orte der Erde zu sein mehr Recht hat, als der andere.« [Band 6, S. 213/14]

Es gibt ein Recht auf Hospitalität, das heißt als Besucher·in empfangen zu werden, solange man sich anständig benimmt. Dieses Recht leitet sich aus der Tatsache ab, dass es keinen individuellen Besitzanspruch auf Eigentum an Erdoberfläche gibt, da diese allen Menschen gleichermaßen gehört. Dies gilt ebenso für alle Bodenschätze und Natur-Ressourcen wie etwa das Wasser: sie sind

Teil des Gemeineigentums und dürfen nicht privat angeeignet werden. Kein Einzelner hat mehr Recht als ein anderer Mensch, sich an einem bestimmten Ort der Erde aufzuhalten.

Sind diese Aussagen als Rechtsgrundlagen akzeptiert, dann wird privater Besitz an Land bzw. Naturschätzen des Landes zu einer Rechtsverletzung. Da diese Allgemeingültigkeit besitzt, wird ein einzelner Rechtsbruch von allen anderen wahrgenommen, als seien sie selbst betroffen, sie werden verletzt und spüren die Schmerzen, private Aneignung von Natur zum Zweck individueller Ausbeutung verletzt daher ein Menschenrecht.

Dieses Argument ist an den Fakt gebunden, dass die Erde eine Kugel ist, auf der die Menschen sich bewegen und daher zwangsläufig einander begegnen werden. Für diese unausweichlichen Begegnungen müssen Regeln geschaffen werden,die Gewaltausbrüche im egoistischen Interesse einzelner verhindern helfen. Das zugrundeliegende Bild vom Menschen ist eines, in welchem die Mächte des Bösen, Gewalt und Terror dominieren. Da aber alle Menschen zum Denken befähigt sind und daher zu Vernunftüberlegungen in der Lage sind, muss davon ausgegangen werden, dass allein die Vernunft dazu führt, sich an Regelwerke zu halten, weil damit Mord und Totschlag verhindert werden: der Mensch ist daher bösartig, aber vernunftbegabt.

Ein ganz anderes Menschenbild vermittelt das antike Gleichnis vom Kugelmenschen, das Platon in seiner Schrift vom Symposion übermittelt – dieser Sprung sei hier erlaubt. Der Mensch, ursprünglich als Kugelwesen mit vier Beinen und Armen und zwei Köpfen gedacht, zog den Zorn der Götter auf sich, die ihn zur Strafe teilten. Nun ist er zeitlebens auf der Suche nach seiner zweiten Hälfte, die Sehnsucht nach Vervollständigung, ja nach Liebe treibt ihn weiter, auch um die Erdkugel.

Der Mensch als »krummes Holz« bedarf jedoch nach Kant, strikter gesetzlicher Leitlinien, die seine Kräfte im Zaum halten und der Vernunft die absolute Priorität einzuräumen.

> »Da es nun unter den Völkern der Erde einmal durchgängig überhand genommen (engeren oder weiteren) Gemeinschaft so weit gekommen ist, dass die Rechtsverletzung an einem Platz der Erde an allen gefühlt wird: so ist die Idee eines Weltbürgerrechts keine phantastische und überspannte Vorstellungsart des Rechts, sondern eine notwendige Ergänzung des ungeschriebenen Kodex, sowohl des Staats- als Völkerrechts zum öffentlichen Menschenrechte überhaupt, und so zum ewigen Frieden, zu dem man sich in der kontinuierlichen Annäherung zu befinden nur unter dieser Bedingung schmeicheln darf.«
> [S. 217]

Die Weltbevölkerung betrug zu der Zeit um 1800 ca. 1 Milliarde Menschen, es hatte 300 Jahre benötigt, bis sie sich verdoppelt hatte (um *1500 ca. 1/2 Milliarde Menschen).*

Und so geht das Bevölkerungswachstum weiter:

- *1925 ca. 2 Milliarden*
- *2000 ca. 7 Milliarden*
- *2021 ca. 8 Milliarden. Gegenwärtig nimmt die Weltbevölkerung jährlich um etwa 83 Millionen zu.*

Im Jahr 2020 litten 684 Millionen Mensch an Unterernährung weltweit,

das heißt: gegenwärtig leidet jeder neunte Mensch weltweit an Hunger und Unterernährung.

Wie hätte Kant sich zu diesem exponentiellen Wachstum der Weltbevölkerung verhalten, wie könnte sein Kommentar gelautet haben?

Kant ist ja bekanntlich auf der Suche nach Prinzipien, die die Vernunft unabhängig von tatsächlichen Erfahrungen aufstellen kann und die daher a priori Geltung besitzen, d.h. allgemeingültig sind und nicht durch Urteile, die auf Erfahrungen basieren, widerlegt werden.

Sein Verweis auf die Kugelförmigkeit der Erde beinhaltet zwei Ideen: zunächst ist davon auszugehen, dass Menschen sich auf dieser Kugel bewegen und sich daher auch zwangsläufig begegnen werden.

Diese Begegnung ist idealerweise durch ein Besuchsrecht gesichert, das so lange gilt, wie der hinzukommende Gast sich anständig, d.h. nicht feindselig verhält.

Da die Erdoberfläche als ein gemeinschaftlicher Besitz betrachtet wird, also die Rechte des Privateigentums bereits a priori erheblich eingeschränkt sind, ist davon auszugehen, dass der Mensch als zoon politikon, als soziales Wesen, sich der Gesellschaft anderer Menschen vergewissert und seinerseits seine Gesellschaft anbietet. Notwendig werden also Aushandlungsprozesse um Bleiberecht, Erwünschtheit, Länge der Aufenthaltsdauer.

Diese Verhandlungen erfolgen in der Freiheit, über die jeder Einzelne verfügt und können problematisch werden.

Kant setzt auch hier auf die Vernunft: wenn die Grundsätze gelten dass die Freiheit des einzelnen dort endet, wo, die Freiheit des anderen beginnt und somit verletzt wird – sowie des Gemeinschaftseigentums der Erdoberfläche, die ein Besuchsrecht sichert, dann könnte ein zwangloses Kommen und Gehen und ein gefahrloser Zugang und Umgang mit Ressourcen dann folgen, wenn alle akzeptieren, dass die Verletzung eines einzigen Grundsatzes an einer einzigen Stelle die Rechte aller verletzt.

Daher entwickelt er das Postulat eines Weltbürgerlichen Rechts innerhalb eines Verbundes föderalistisch organisierter Staaten.

Hunger intensiviert die Wanderungsbewegungen und lässt viele der vermehrt stattfindenden Begegnungen zur gewaltträchtigen Konfrontation werden. Das zeigen zahllose Erfahrungen.

Inzwischen beträgt die Weltbevölkerung knapp acht Milliarden Menschen, in wenigen Jahren werden es zehn Milliarden sein. Das bedeutet, immer mehr Menschen beanspruchen Raum und Versorgungsmöglichkeiten. Bleibt man im Bild der Erdkugel, auf der Menschen sich frei bewegen und begegnen können, nimmt mit wachsender Bevölkerungsdichte die Zahl der Begegnungen zu. Diese Begegnungen qua Rechtsform zu regeln und damit zu entschärfen, dient dem Überleben der Menschheit.

Eine demokratische Weltregierung als Organisation aller republikanischer, demokratischer Staaten ist Kants Zukunftsvision, deren Plausibilität allein durch Argumente begründet ist, die auf Vernunft beruhen.

Kant konnte die kapitalistischen Produktionsformen, die Aneignung des Mehrwerts durch Ausbeutung der Arbeitskraft, die Folgen der Entfremdung (Begrenzung jeder Freiheit für den Einzelnen zum Wohl ausschließlich der herrschenden Kapitalistenklasse) noch nicht in seine Untersuchungen einbeziehen: sie hatten sich noch nicht erkennbar entfaltet. Seine klare Betonung der Freiheitsrechte und der Gleichheitsgrundlage aller Menschen lässt aber den Schluss zu, dass er hier eine entschiedene Stellungnahme abgegeben hätte

Erst Karl Marx konnte in seinen Studien zur Logik des Kapitals u. a. zu folgender Überzeugung gelangen, die sich, einigermaßen versteckt, im dritten Band des Kapitals im Kapitel zur

»Verwandlung von Surplusprofit in Grundrente« findet:

> »Vom Standpunkt einer höheren ökonomischen Gesellschaftsformation wird das Privateigentum einzelner Individuen am Erdball ganz so abgeschmackt erscheinen, wie das Privateigentum eines Menschen an einem anderen Menschen. Selbst eine ganze Gesellschaft, eine Nation, ja alle gleichzeitigen Gesellschaften zusammengenommen sind nicht Eigentümer der Erde. Sie sind nur ihre Besitzer, ihre Nutznießer, und haben sie als *boni patres familias* [gute Familienväter] den nachfolgenden Generationen verbessert zu hinterlassen.«
> – Karl Marx, *Das Kapital* Band 3, S. 826

> »Die Waffe der Kritik kann allerdings die Kritik der Waffen nicht ersetzen, die materielle Gewalt muß gestürzt werden durch materielle Gewalt, allein auch die Theorie wird zur materiellen Gewalt, sobald sie die Massen ergreift. Die Theorie ist fähig, die Massen zu ergreifen, sobald sie *ad hominem* [am Menschen] demonstriert, und sie demonstriert *ad hominem*, sobald sie radikal wird. Radikal sein ist die Sache an der Wurzel fassen. Die Wurzel für den Menschen ist aber der Mensch selbst. Der evidente Beweis für den Radikalismus der deutschen Theorie, also für ihre praktische Energie, ist ihr Ausgang von der entschiedenen positiven Aufhebung der Religion. Die Kritik

der Religion endet mit der Lehre, daß der Mensch das höchste Wesen für den Menschen sei, also mit dem kategorischen Imperativ, alle Verhältnisse umzuwerfen, in denen der Mensch ein erniedrigtes, ein geknechtetes, ein verlassenes, ein verächtliches Wesen ist. Verhältnisse, die man nicht besser schildern kann als durch den Ausruf eines Franzosen bei einer projektierten Hundesteuer: Arme Hunde! Man will euch wie Menschen behandeln!«
– Karl Marx, *Zur Kritik der Hegelschen Rechts-Philosophie*, 1843–1844. Einleitung

Weder die auf Vernunftbegründung ruhende weltbürgerliche Demokratie ist bislang entstanden, schon gar nicht konnten die demokratisch verfassten Staaten immer neue Kriege verhindern. Hier irrte Kant. Seine Vernunftargumente vermochten andere zerstörerische Kräfte nicht zu bannen.

Gegenwärtig steht die Zukunft der Erde, des einzigen für Menschen bewohnbaren Planeten auf dem Spiel. Die junge Generation wird noch erleben, wie die globale Erwärmung zu immer neuen Katastrophen führt, Flächenbrände, Überschwemmungen, schmelzende Pole sind bereits sichtbare Vorboten dieser bedrohlichen Entwicklung. Die Klimakatastrophe wird den Planeten zerstören. Auch hier reicht der bloße Appell an die Vernunft bislang nicht aus. Die wütenden, destruktiven Kräfte, die am Werk sind, zeigen sich im Bereich praktischer Politik durch Unterlassung. Es handelt sich um eine unterlassende Hilfeleistung gegenüber allen Lebensgrundlagen.

Ein kategorischer Imperativ lautet daher: Der Zerstörung des Planeten muss mit allen Mitteln der menschlichen Vernunft Einhalt geboten werden, denn es geht um das Überleben der Menschheit.

»ANTAGONISMUS ALS TRIEBFEDER DES FORTSCHRITTS«

Der Mensch hat aber auch einen großen Hang, sich zu vereinzelnen (isolieren); weil er in sich zugleich die ungesellige Eigenschaft antrifft, alles bloß nach seinem Sinne richten zu wollen, und daher allerwärts Widerstand erwartet [...] Dieser Widerstand ist es nun, welcher alle Kräfte des Menschen erweckt, ihn dahin bringt, seinen Hang zur Faulheit zu überwinden, und, getrieben durch Ehrsucht, Herrschsucht oder Habsucht, sich einen Rang unter seinen Mitgenossen zu verschaffen, die er nicht wohl leiden, von denen er aber auch nicht lassen kann. [...] Ohne jene, an sich zwar eben nicht liebenswürdige, Eigenschaften der Ungeselligkeit, woraus der Widerstand entspringt, den jeder bei seinen selbstsüchtigen Anmaßungen notwendig antreffen muss, würden in einem arkadischen Schäferleben, bei vollkommener Eintracht, Genügsamkeit und Wechselliebe, aller Talente auf ewig in ihren Keimen verborgen bleiben [...] Dank sei also der Natur für die Unvertragsamkeit, für die mißgünstig wetteifernde Eitelkeit, für die nicht zu befriedigende Begierde zum Haben, oder auch zum Herrschen! Ohne sie würden alle vortreffliche Naturanlagen in der Menschheit ewig unentwickelt schlummern. Der Mensch will Eintracht;

aber die Natur weiß besser, was für seine Gattung gut ist: sie will Zwietracht. Er will gemächlich und vergnügt leben; die Natur will aber, er soll aus der Lässigkeit und untätigen Genügsamkeit hinaus, sich in Arbeit und Mühseligkeiten stürzen [...]

»MASSIERUNG DER GESCHICHTSZEIT«

[...] Wenn wir ein Teilstück des Raums oder ein Stück Zeit wahrnehmen, sagt Kant, so tun wir das in bezug darauf, dass es Raum und Zeit als allgemeine Bedingungen der Wahrnehmung bereits gibt. Man kann dies umkehren: Raum und Zeit sind gerade nichts Allgemeines, sondern sie sind bis in die dünnsten Abstraktionen durch die Konkretion von Häusern, Situationen, Wüsten, Produktionsstätten: eben von geschichtlicher Masse ausgefüllt. SIE SIND KATEGORIEN DES BESONDEREN. Notwendig geraten solche Kategorien in je besondere Wechselwirkung. Die materielle Masse des Geschichtsprodukts stellt sich dar als eingedickte Bewegung der lebendigen Arbeit. Tote Arbeit läßt sich als solche MASSIERUNG DER GESCHICHTSZEIT oder als SPEZIFISCHE GESCHWINDIGKEIT auseinanderlegen. Würde die Masse des Geschichtsprodukts abrupt in die innewohnende Geschwindigkeit aufgelöst, so würde das die Menschen zerreißen. [...]

»VERBEULTE DIALEKTIK BEI HERR/KNECHT-VERHÄLTNISSEN«, »ÜBERHOLENDE KAUSALITÄT«, DRITTSCHADEN.

Deutschland z. B. im Ersten Weltkrieg besteht aus Unsummen an Herr/Knecht-Verhältnissen. Gehen wir davon aus, dass sie sich so bewegen, wie Hegel das für die Arbeit des Bewusstseins beschreibt: Der Herr wird irgendwann einmal der Knecht des Knechts und der Knecht der Herr des Herrn sein. Man wird reiches Material dafür aufspüren, einerseits dass es umschlägt, andererseits wie es in der eingreifendsten wechselseitigen Einwirkung keineswegs umschlägt. Dasselbe jetzt in Frankreich: hier die gleiche innere Bewegung von Herr und Knecht, ganze Zusammenhänge davon. Beide Summen von Herr und Knecht-Verhältnissen kämpfen aber, z. B. in Verdun, gegeneinander in der Vorstellung, dass sich nur so bestimmen läßt, welche von beiden Nationen Herr oder Knecht wäre. Währenddessen ist aus ganz anderer Kausalität eine Drittmacht aufgetreten, die USA, bestehend aus besonderen Herr/Knecht-Verhältnissen, die einen der Gründe für den Kriegsausbruch, nämlich die Konkurrenz um die eurozentrische Vorherrschaft über die Welt, jetzt weggenommen hat.

Man verfolge die Einwirkung solcher größeren und nicht aufeinander abgestimmten Bewegungsabläufe auf alle einzelnen Bewegungen, die Veränderungen in den angeblich privaten Verhältnissen, den Sittengesetzen, den politischen Verkehrsformen, den militärischen, den ökonomischen, die alle Herr/Knechts-Verhältnisse sind. Überall überholende Kausalität, aber auch unverbundene Bewegung, jedoch mit stärkster Auswirkung. Z. B. Versailles im deutschen nationalen Bewusstsein (hier hat es zwei völlig entgegengesetzte Bedeutungen), man hat aber die Worte Wilsons noch im Ohr. Er hat nicht nur versprochen und nicht gehalten, sondern sein Land, das ihm die Versprechungen annulliert hat, ist zugleich einer der größten Gläubiger des Reichs geworden und nimmt dabei doch die Möglichkeiten, ungeheure Schulden zu bezahlen, durch Wegnahme der ökonomischen Hegemonie aus Europa an sich. Wenn der Dollar auf diese Weise Leitwährung wird, welche bestürzenden Unsicherheiten und Umprägungen, z. B. für das preußische Bewusstsein vom langjährigen Dienen, jetzt Inflation! Jazz ist an sich eine neue Form von Musik, wendet sich ans Ohr, aber diese Musik erhält einen ganzen Anhang an gesellschaftlicher Bedeutung, ihre freie Praktizierung auf Reichsgebiet symbolisiert die nationale Erniedrigung (»Nigger-Musik«), muss also bekämpft werden von Leuten, die sich sonst niemals um Musik scheren usf. Gilt diese Bewegungsform nun nur für menschliche Beziehungen oder auch für die Gegenstände in der Gesellschaft, die die Alltagserfahrung als feststehend erlebt: z. B. Häuser, Städte, maschinelle Anlagen usf.? Wenn ich auf die Wand des Gefängnisses stoße oder an einen Laternenpfahl renne oder mich im Haus verschanze, so enthält dies die Erfahrung, dass solche Gegenstände fest und nicht in Bewegung begriffen sind. Der Irrtum liegt darin, dass wir von einem Spezialfall der Erfahrung ausgehen.

Von diesem Beobachter-Standpunkt hängt der Eindruck der Festigkeit von Dingen ab. Es gibt aber andere vorstellbare Beobachterstandpunkte. Sind es ganze geschichtliche Epochen, oder das Kontinuum der Geschichte überhaupt, so ist der Beobachterstandpunkt aus dem Zeitkern eines Lebensalters willkürlich gewählt. Man stelle sich einen Beobachter vor, der 1000 Jahre so ansieht, wie das Alltagsauge eine Stunde überblickt. Die gesamte tote und lebendige Arbeit, die tätig war, und im Verhältnis dazu die Gesamtgeschichte der Geschichtsschreibung, besitzen einen Beobachterstatus, der einen solchen Geschichts-Blick hat. Sehe ich eine Stadt wie z. B. Mainz von dem Beobachterstandpunkt des geschichtlichen Blicks, so rücken keltische Gründung, römische Prägung, mittelalterliches Mainz, Besetzung durch die französischen Revolutionsarmeen, Resurrektion der Revolutions-Umzüge im späteren Mainzer Karneval, preußische Amtsgebäude und Bahnhof, Bombardierung im Zweiten Weltkrieg, Wiederaufbau und industrielle Veränderung zu jener Bewegung zusammen, die geschichtlich-wirklich stattfindet. Wir sehen das als Film.

Eine der einwirkendsten Beugungen des Geschichtsbegriffs Mainz wäre z. B. das Abbrennen und Ausradieren der Stadt durch alliierte Bomberflotten. Eine lineare Verknüpfung der Kausalketten, die die Alliierten bewegen, ein Bomberkommando aufzubauen und Vernichtungsangriffe auf deutsche Städte zu fliegen, mit der Kausalkette, die 2 000 Jahre Mainz heißt, wäre recht willkürlich. Wenn ich aber eine Beziehung nicht beschreiben kann, die derart tief eingreift, was haben dann die übrigen Erklärungen für einen Gebrauchswert? Ich erkläre dann mehr oder weniger Zufälligkeiten, Begleiterscheinungen oder verfolge das, was sich ereignet hat, als unverbindbare Linien. So ist es z. B. sicher, dass die Lage von Mainz u. a. dadurch bestimmt ist, dass der Rhein dort einen Bogen beschreibt und der Main in ihn mündet. Dasselbe Faktum kehrt in der Taktik von Nachtangriffen wieder: Wenn ich andere Städte nicht gefunden habe, um die Bomben planmäßig abzuwerfen, findet die Bomberbesatzung immer noch diese markante Flusskonstellation, wenn der Mond sich in ihr spiegelt. Das bedeutet Zusatzbomben auf Mainz. Eine Nebensache ist erklärt, die Hauptsache nicht.

Untersuche ich dagegen radikal, so stoße ich auf das dialektische Bewegungsverhältnis: ein Mensch in seinem Keller wird von einer Bombe getroffen und entkommt ihr um Haaresbreite.

Man muss versuchen, sich darüber zu verständigen, dass die konzentriertere Bewegungsform der Bombe, ihre Beschleunigung nicht allein durch die Anziehungskraft von 1 g bestimmt ist. In ihr steckt eine industrialisierte, durch hohe Konzentration von Arbeitskraft hergestellte gesellschaftliche Beschleunigung. Sie ist die Zerstörungskraft, die technischen Daten der Bombe gehen in sie nur ein (sind die engere Sichtweise). Der Fluchtinstinkt, der Wunsch, zu entkommen, die im Moment so wenig brauchbare Strategie von unten des Kellerinsassen sind ebenfalls das Produkt der Geschichte der Arbeitskraft, eben: dieser individuellen Arbeitskraft, die keine Gegenbeschleunigung gegen die Bombe entwickeln kann, weil die Konzentrationsstufe von Geschichte und Arbeitskraft in ihr höchst gering ist, gemessen an der, die sich in der Bombe materialisiert. An sich treten einander Menschen und menschliche Geschichte gegenüber, einmal aber im Aggregatzustand eines Zerstörungsmittels, andererseits in der Gestalt eines Menschen, der nicht zerstört sein möchte.

Eine Bombe kann nicht auf diesen Keller fallen, wenn nicht das Pulver, das Fliegen, die Metallverarbeitung erfunden wurden, die Bomberbesatzungen nicht ausgebildet wurden. Hierzu gehört eine Disziplin, die die Vorarbeit von 2 000 Jahren voraussetzt. In mikroskopischer Verteilung sind in der Sprengbombe einige Millionen Partikel ehemals lebendiger Arbeit enthalten: Kein Einzelner als lebendige Arbeit kann das Produkt erzeugen, auf den Marsch bringen oder werfen; eine professionelle Bombe im abgeschliffenen Charakter der Massenware (im Gegensatz zu einer improvisierten Bombe) wird auch nicht als Einzelprodukt entstehen. Das, was herabstürzt, ist Arbeitskraft. Das, was unten zerschlagen wird, ist ebenfalls Arbeitskraft. In den Flugzeugen und Bomben ist mehr tote Arbeit, also mehr Anteil von Lebensläufen enthalten, als an Anteilen toter und lebendiger Arbeit im Keller sitzen. Dies ist die konkrete Form der Wechselwirkung.

Der Unterschied liegt nicht darin, dass der eine privat und das andere öffentlich wäre; es würde ja nichts verbessern, wenn derjenige, der sich der Bombe ausgesetzt sieht, ein Würdenträger wie Freisler wäre, also öffentlich, oder wenn die Arbeitskraft im Vollbesitz ihrer Arbeitsmittel wäre und in einem kooperativen Zusammenhang den Bomberangriff erlebt: z. B. alle Arbeiter eines

Betriebs, Schrauben, Schlüssel und anderes Gerät haben sie dabei – die Lage wäre nicht verändert. Der Unterschied liegt in der verschiedenen Akkumulation von geschichtlicher »Geschwindigkeit« (Masse) zwischen Bombe und Getroffenen.

Einige tausend Briten dringen im 19. Jahrhundert in China ein, an der Küste und auf den Hauptflüssen unterstützt durch Kanonenboote und militärische Expeditionen. Sie kaufen auf, verkaufen, z. B. Opium, das sie in anderen Kolonialzonen anbauen lassen und aufkaufen. Sie tun alles das in einer Bewegungsform, die sich mit den ökonomischen Uhren Londons als Zeitgefühl messen lässt; diese Uhren sind die Umsätze und Schwankungen aller Werte der Börse. Die Distribution als das Übergreifende. Diesem Pendelschlag folgt die Raschheit der Verkehrsform (Dampfschiffe, Eisenbahnen, Abkürzung des Seewegs durch den Suez-Kanal, die Schärfe des Blicks für das, was einen Wert hat, die Schnelligkeit der Reaktionen, das Hin- und Herschieben von Söldnertruppen, z. B. Sikhs, die Promptheit von Post und Organisation, die Fixigkeit britischer Nerven, britischer Konversation, Witze usf.). Der Mittelwert zwischen einem Kanonenschuß und einem Handelsgeschäft gibt den Mittelwert dieser gesellschaftlichen Geschwindigkeit wieder. Gegenüber dieser Zeit (in der z. B. ein Schuss fällt, ein Blick einen Chinesen streift, oder eine Wertsache), die durch die Umkehr des organischen Verhältnisses von Produktion und Distribution bestimmt ist – solange dieses Verhältnis gilt, ist sie konstant –, verhält sich die Greenwichzeit als austauschbar. Sie zeigt andere Uhr-Werte, sobald die Ankömmlinge nach China gelangen. Solche »old China hands« treffen bei ihren aggressiven Geschäften auf ein Volk, das sich in einer agrikulturellen Phase bewegt, ständisch gefesselt. Die Engländer sagen: wie ein schlafender Riese. Das sei »das Reich der Mitte«, tausendjährige Uhren. Sie berichten von Verhandlungen mit Chinesen, in denen diese niemals rasch »zur Sache« kommen, sondern mit sog. asiatischer Geduld, den Gegner auszusitzen versuchen. Man muss mühselig britische Sturheit ansammeln, um das auszuhalten. »Die Uhren gehen in der Heimat der Chinesen extrem langsam.« Nun besteht kein englisches Unternehmen – bei aller Dominanz der Distribution – unabhängig von Produktion und Konsumtion. Auf den britischen Inseln sind ältere Engländer (Rentner aus Indien, anderen Kolonien) zurückgeblieben, mit den Eindringlingen in China durch Generationenverträge verbunden, Sie verzerren die Werte, die die Aktiven aus aller Welt zusammentragen; auf den hohen Schulen Kinder, in den Landsitzen Strohwitwen, in den Regierungsstellen officials, an den Börsen Funktionäre. Sie alle leben pro rata vom income, das die distributiven Eindringlinge in China zusammenrauben. Sie sind durch eine Reihe von Konventionen, z. B. die der Teestunde, die puritanische Erziehung usf. mit den Aktiven verbunden, ihre Konsumenten-Uhren haben aber einen deutlich unterschiedenen Pendelschlag. Vorher waren auch sie Gelegenheitsarbeiter, d. h. Distributoren, Räuber; jetzt, pensioniert, haben sie oft im Rückblick die besseren Einfälle. Sie sind in der Lage, die imperialistischen Ansätze nachträglich in der Illusion zu perfektionieren. Z. B. ist Kiplings Indien verständnisvoller und greifbarer als jede wirkliche Kolonialpraxis in Indien. Für seine Indienerfahrung interessiert sich noch Brecht, offenbar eine langlebigere Erfahrung als die der britischen Praktiker, die unterging. Beide britischen Komponenten, die Konsumtive auf der Insel und die Distribution draußen, finden eine Grenze in den Produktionsprozessen, die zur »gleichen Zeit« in England stattfinden. Diese Fabrikproduktion ist ja der gleichen Bewegung der Londoner Börse partiell unterworfen, hat aber ein eigenes Moment, eigene Gesetze und ein besonderes Zeitgefühl, das auf Weltgeschwindigkeiten nur teilweise Rücksicht nimmt. Es verlaufen also im englischen Imperium drei verschiedene, ungleichzeitige Bewegungen (auch wenn sie nach gleichen Tagen, Jahren oder Stunden mitgemessen werden) und diese drei verschiedenen Bewegungen begegnen in China wiederum anderen Bewegungen. Nach Ende des Zweiten Weltkriegs erweist sich, dass die drei wichtigsten englischen Uhren abgelaufen sind. Das wird besonders deutlich, wenn man von dem ungleichzeitigen Hongkong her misst. Die gesellschaftlichen Uhren Chinas dagegen zeigen scheinbar nach 1949 ein verändertes Tempo. Es ist aber ganz unwahrscheinlich, dass in wenigen Jahren sich gesellschaftliche Bewegungsabläufe in ihren Grundmaßen so sehr verändern können.

Offenbar handelt es sich um Uhren, die schon vorher anders gingen, als die Europäer meinten. Es gibt nämlich, wenn man an Konstanten und Interessenlagen die Zeit mißt, und nicht an einer willkürlichen Universalmechanik von Räderwerk und Uhren, nicht die unumkehrbare Folge der Ereignisse, die die Modi der Vergangenheit, Gegenwart und Zukunft in der »alltäglichen Erfahrung« und entsprechend in der Sprache voneinander scheidet. Vielmehr besteht die reale Dialektik der Zeitbewegung darin, dass die Zukunft die Vergangenheit, die Vergangenheit die Zukunft, die Gegenwart beides, aber jede dieser Komponenten ebenfalls das jeweils andere ist, oder dass die Einwirkung dieser Dialektik ebenso ein organisches Ganzes bildet, die Vergangenheit als das Übergreifende, das produziert Produktion, Distribution, Konsumtion usf. Sind die wirklichen Verhältnisse ein Acker und geht es darum, diesen zu pflügen, so sind die beschriebenen Bewegungsverhältnisse der Zeit eine Bestimmung der Ackerfurche.

»EINE ENTSETZLICHE TAT, VERÜBT IN DER STILLE«

FAZ vom 13. November 1978, S. 8: Zwei gehörgeschädigte Jugendliche haben einen 28jährigen anderen Gehörgeschädigten, weil er ihnen ein Autoschild verbogen und das Gerücht in die Welt gesetzt habe, sie seien Verbrecher, auf grausame Weise erschlagen. Sie zwingen den Wehrlosen einen Topf mit Leim zu trinken, filtrieren ihm einen »Kakaotrunk« aus Sprudel, Parfüm, Pfeffer und Salz ein, zertreten seinen Hörapparat, mühen sich, ihr Opfer mit Stromstößen aus dem Kabel eines Rasierapparats zu töten und erschlagen ihn dann mit Flaschen. Beim Gerichtstermin weist der Gutachter darauf hin, dass sie lediglich über Geschmacks- und Tastsinne und ihre Augen verfügen. Sie seien gewissermaßen sinnlich eingesperrt und hätten ausbrechen wollen, indem sie ihren Mangel an Sinnlichkeit am anderen Gehörgeschädigten rächen. Das Auge, ihr verbliebener Hauptsinn, sei nämlich ein »kaltes Sinnesorgan«, es vermittle nur kalte Eindrücke von der Welt, keine »warmen« Gemütskräfte. Das Auge ist nicht von Natur, »an sich«, ein kaltes Organ. Die optische Wahrnehmung durchläuft einen Teil des Hirns, den *Thalamus opticus* (griech: »Sehhügel«), in dem sich die verschiedensten sinnlichen Spuren anderer Organe mit den Augeneindrücken so mischen, dass eine gemeinsame »emotionale Arbeit«, »menschliche Wärme« oder auch:

»Abweisung« entsteht. Die massive Störung der anderen Sinne setzt diese Verarbeitung für den Augeneindruck außer Kraft. Nicht nur die menschliche Sinnlichkeit wird geboren durch den anderen Menschen, sondern auch die einzelnen Sinne gewinnen ihre spezifische Eigenschaft als menschliche Sinne durch die Arbeit der anderen Sinne. Die Isolierung voneinander macht die Monstren. Adorno beabsichtigte zuletzt, ein Buch zu publizieren mit dem Titel: Kälte. Für die Gesellschaft als Ganze verhält sich das individuelle Auge kalt (wie auch jeder andere isolierte Einzelsinn). Das *gesellschaftliche Auge* wiederum, das es nicht als Subjekt, sondern nur als ungeheure abstrakte Sammlung zerrissener und in Scheinsynthese falsch zusammengefügter Teile gibt, gewissermaßen als summierte Splitter, verhält sich zu den Individuen und kleinen Produktionsgruppen von Menschsein kalt. Nicht nur der Krieg, sondern schon dieser normale Isolationszustand »gebirt die Monstren« (Goya).

»Der Kosmos als Bühne«

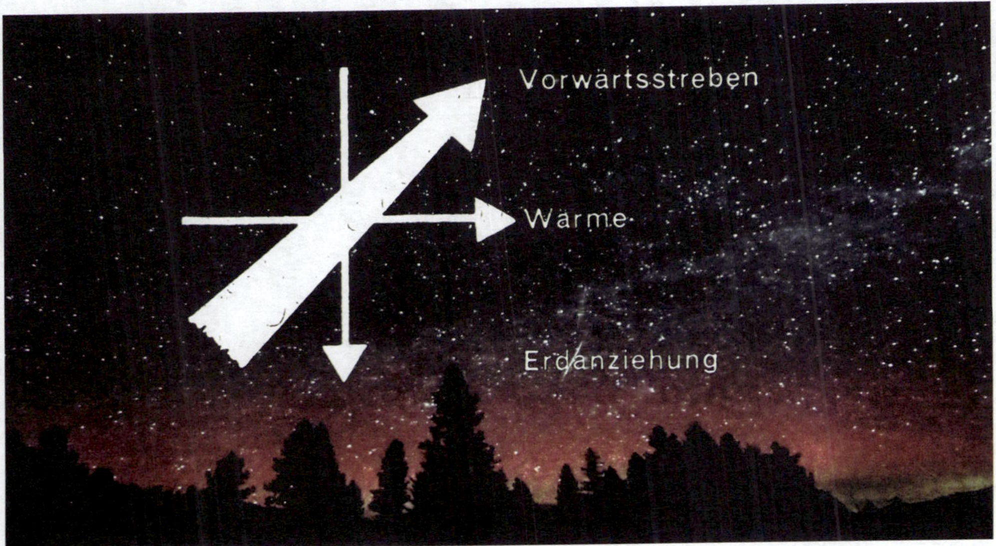
Vorwärtsstreben
Wärme
Erdanziehung

Unter dem Eindruck von Kants
Satz zum »bestirnten Himmel«
änderte Beethoven den Anfang
seiner Hammerklavier-Sonate
und komponierte sein »Abendlied
unterm gestirnten Himmel«.

Ludwig van Beethovens Werke.

Vollständige kritisch durchgesehene überall berechtigte Ausgabe.

Mit Genehmigung aller Originalverleger.

Serie 23.

ABENDLIED

unter'm gestirnten Himmel

Gedicht von H. Goeble

in Musik gesetzt von

L. VAN BEETHOVEN.

Mälzl's Metronom. ♩=76.

Componirt am 4 März 1820.

Ziemlich anhaltend.

Beethoven exzerpiert in seinen Tagebüchern Texte aus Immanuel Kants *Allgemeine Naturgeschichte und Theorie des Himmels*, Königsberg und Leipzig 1755

Eintragungen 105, 106, 108

[...]

105 [a] Nicht der ohngefähre Zusammenlaut der Atome des Akkords hat die Welt gebildet; eingepflanzte Kräfte und Gesetze[,] die den weisesten Verstand zur Quelle haben, sind ein unwandelbarer Ursprung derjenigen Ordnung gewesen, die aus ihnen nicht von ohngefähr[,] sondern nothwendig fließen müssen

[b] wenn in der Verfassung der Welt Ordnung in Schönheit Wetterleuchten; so ist ein Gott. Allein[,] das andere ist nicht weniger gegründet[,] wenn diese Ordnung aus

allgemein Naturgesetzen hat herfließen können, so ist die ganze Natur nothwendig eine Wirkung der höchsten Weisheit[.] –

106 [a] Der Stoff[,] woraus die Einwohner verschiedener Planeten[,] ja sogar die Thiere [und] Gewächse auf denselben[,] gebildet sind[,] muß überhaupt um desto leichter und feiner dort in die Elastizität der Wesen stammt der vortheilhaften Anlage ihres Baues[,] um desto willkommener seyn, nach dem Maaße, als sie weiter von der Sonne abstehen –

[b] »daß die Trefflichkeit der denkenden Naturen[,] die Hastigkeit in ihren Vorstellungen[,] die Deutlichkeit und Lebhaftigkeit der Begriffe, die sie durch äußerlichen Eindruck bekommen, sammt dem Vermögen sie zusammen zu setzen, endlich auch die Behendigkeit in der wirklichen Ausübung, kurz[,] der ganze Umfang ihrer Vollkommenheit unter einer gewissen Regel stehen, nach welche[r] diesselben nach dem Verhältnisse des Abstands ihrer Wohnplätze von der Sonne immer trefflicher und vollkommener werden«[.]

[c] daß die Vollkommenheit der Geisterwelt sowohl als des Materialischen in den Planeten von dem Mercur an bis zum Uranus, oder vielleicht noch über ihm (wofern noch andere Planeten sind) in einer richtigen geraden Folge nach Proportion ihrer Entfernungen wachse und fortschreite.

108 Zwar Kräfte[,] welche beyde gleich gewiß, gleich einfach und zugleich gleich ursprünglich im Allgemeinen sind, nämlich die Anziehungs[-] Und Zurückstossungskraft

[...]

Oskar Negt / Christine Morgenroth

GESTIRNTER HIMMEL UND MORALISCHES GESETZ

Von einigen Astronauten sind die erstaunlichsten Ausrufe überliefert, die sie taten, als sie erstmals die Erde, den blauen Planet aus der Perspektive vom Weltraum aus erblickten. Der sich ihnen bietende Anblick löste Staunen, Begeisterung und Verblüffung aus, sie waren offenkundig völlig hingerissen. Aber auch von der erstaunten Wahrnehmung war die Rede, wie verletzlich dieses zartblaue Gebilde ist, wie fragil und zart der Planet erscheint, wenn er vom Weltraum aus betrachtet wird.

Menschen, die sich noch ein Gemüt bewahrt haben, sind tief bewegt von diesem Bild, einige werden, das ist verbürgt, zu Aktivisten der Bewegung zum Umweltschutz.

Kant hat die Schlussbemerkung seiner komplexen Schrift mit dem Titel *Kritik der praktischen Vernunft* folgendermaßen eingeleitet:

> »Zwei Dinge erfüllen das Gemüt mit immer neuer und zunehmender Bewunderung und Ehrfurcht, je öfter und anhaltender sich das Nachdenken damit beschäftigt: der bestirnte Himmel über mir und das moralische Gesetz in mir. Beide darf ich nicht als in Dunkelheit verhüllt oder im Überschwänglichen, außer meinem Gesichtskreis suchen und bloß vermuten; ich sehe sie vor mir und verknüpfe sie unmittelbar mit dem Bewußtsein meiner Existenz.

Das erste fängt von dem Platze an, den ich in der äußeren Sinnenwelt einnehme, und erweitert die Verknüpfung, darin ich stehe, ins unabsehlich Große mit Welten über Welten und Systemen von Systemen, überdem noch in grenzenlose Zeiten ihrer periodischen Bewegung, deren Anfang und Fortdauer.

Das zweite fängt von meinem unsichtbaren Selbst, meiner Persönlichkeit an und stellt mich in einer Welt dar, die wahre Unendlichkeit hat, aber nur dem Verstande spürbar ist, und mit welcher (dadurch aber auch zugleich mit allen jenen sichtbaren Welten) ich mich nicht wie dort in bloß zufälliger, sondern allgemeiner und notwendiger Verknüpfung erkenne.

Der erstere Anblick einer zahllosen Weltenmenge vernichtet gleichsam meine Wichtigkeit als eines tierischen Geschöpfs, das die Materie, daraus es ward, dem Planeten (einem bloßen Punkt im Weltall) wieder zurückgeben muss, nachdem es eine kurze Zeit (man weiß nicht wie) mit Lebenskraft versehen gewesen.

Der zweite erhebt dagegen meinen Wert als einer Intelligenz unendlich durch meine Persönlichkeit, in welcher das moralische Gesetz in mir ein von der Tierheit und selbst von der ganzen Sinnenwelt unabhängiges Leben offenbart, wenigstens soviel sich aus der zweckmäßigen Bestimmung meines Daseins durch dieses Gesetz, welche nicht auf Bedingungen und Grenzen dieses Lebens eingeschränkt ist, sondern ins Unendliche geht, abnehmen lässt.«

Das erste Ehrfurchtgebietende Faktum ist der bestirnte Himmel über mir. In diesen Sätzen wird die Unendlichkeit des Alls beschrieben, die den Menschen Staunen macht, aber, und das vor allem, die ihn seine Begrenztheit, ja Winzigkeit angesichts des Universums spüren lässt, indem sie konkret erfahrbar wird. Bewunderung angesichts dieser großartigen Schöpfung führt, so Kant, zu einer Reduktion aller Eitelkeiten, die klein und unwichtig werden angesichts der Unendlichkeit des Universums.

Dieses fordert einen Tribut, gleichsam einen Zoll für die irdische Lebendigkeit, die es gestattet. Mit seinem Tod gibt der Mensch in diesem Argument dem Universum die Materie die ihn ermöglichte, wieder zurück. Ein wahrlich interessanter Gedanke, denn er verweist auf das Leben als Geschenk, das mit der Verantwortung verknüpft ist, sich dieser Gabe als würdig zu erweisen. Jedoch, und das ist besonders wichtig, wird diese Rückgabe mit dem Tod in jedem Fall stattfinden, es liegt nicht in der Freiheit des Menschen, darüber zu befinden, es womöglich dem Universum vorzuenthalten. Somit entsteht in dieser Betrachtung das Bild eines Kreislaufs zwischen dem unbelebten Unendlichen und dem belebten kurzen Menschenleben oder der Existenz der Gattung.

Diese Auffassung, der Mensch habe sich seiner Verantwortung gegenüber dem Kosmos und damit verbunden seiner Begrenztheit, ja Winzigkeit bewusst zu werden, stellt für den modernen Menschen eine enorme Provokation dar. Aus psychologischer Sicht ist das eine nahezu unerträgliche Kränkung seines zu Übergröße neigenden Selbstwertgefühls. Der autonome, handelnde, individualisierte Mensch sieht sich als ewiger Sieger über die Naturkräfte und kämpft darum, seine Verfügungsgewalt über die Natur immer weiter auszubauen.

Freud ist diesem Phänomen in seiner bedeutenden kulturkritischen Schrift vom »Unbehagen in der Kultur« (1930) nachgegangen und spricht in diesem Zusammenhang vom Menschen als einem Prothesengott. Durch die enorme kulturelle Entwicklung und den bereits seinerzeit staunenswerten technischen Fortschritt kann der Mensch seine Insuffizienzgefühle, seine Angst vor Ohnmachtserfahrungen, Abhängigkeit und Unselbstständigkeit kontrollieren und im besten Fall sogar dauerhaft verleugnen. Diese Kontrolle bzw. Verleugnung kann bis zu wahnhaften Wahrnehmungsverzerrungen führen, jedoch erfüllt sie die wichtige Funktion, dem Narzissmus trotz aller Kränkungen ein Gefühl von Allmacht und Weltbeherrschung zu geben. Aus Angst vor Verzwergung entsteht der Größenwahn.

> »Der Mensch ist sozusagen eine Art Prothesengott geworden, recht großartig, wenn er alle seine Hilfsorgane anlegt , aber sie sind nicht mit ihm verwachsen und machen ihm gelegent-

> lich noch viel zu schaffen [...]. Ferne Zeiten werden neue, wahrscheinlich unvorstellbar große Fortschritte auf diesem Gebiet der Kultur mit sich bringen, die Gottähnlichkeit noch weiter steigern.«[1]

Tatsächlich haben die prothetischen Entwicklungen unter anderem zu einer immer längeren Lebenserwartung in den reichen Ländern geführt, vom Herzschrittmacher zu Organtransplantationen sind die künstlichen Prothesen immer weiter in das Innere des Menschen vorgedrungen und haben die Vorstellung von seiner Großartigkeit genährt.

Diese ungeheuerlichen technischen Entwicklungen haben zudem weitreichende Veränderungen seiner Lebensumwelt bewirkt, sie sind so zahlreich, dass hier nur eine Andeutung erfolgen kann: in den letzten Jahrzehnten gelang nicht nur die Landung auf dem Mond; es gibt Stationen im Weltall, die Astronauten für Monate beherbergen können, inzwischen sind Bemühungen entstanden, den Mars auf Bewohnbarkeit hin zu prüfen oder wenigstens als Quelle für nötige Gesteine oder andere Substanzen einzuschätzen.

Die von Menschen produzierten Abfälle stellen im Weltraum bereits eine wachsende Gefahr dar.

War für Kant der bestirnte Himmel noch ein großes Geheimnis, das die Ehrfurcht der Menschen nicht nur hervorrief sondern auch

1 Sigmund Freud (1930a) »Das Unbehagen in der Kultur«, zitiert nach: *Gesammelte Werke*, Band XIV, S. 451,

verdiente, so hat im letzten Jahrhundert die Eroberung des Weltraums begonnen. Der menschliche Drang zur Ausdehnung und Eroberung, zur Besetzung bislang unbekannter Regionen nicht allein der Erde, sondern nun auch der außerirdischen Galaxien ist in vollem Gang.

Diese Ausbreitungs- und Okkupationstendenz, die zur Erschließung und gewaltsamen Aneignung immer neuer Räume führt, lässt an einen Tumor mit starker Raumforderung denken, ein wucherndes Krebsgeschwür, der das Menschenleben in größte Gefahr bringt und oft zum Tod führt.

Der Mensch mit seinen Raumforderungen ist in der Gegenwart selbst das Krebsgeschwür geworden, das in Kürze den Planeten auf sein Totenbett zwingt.

Menschen haben ihren inneren Kompass verloren, dessen Nadel durch das moralische Gesetz in mir immer wieder eine präzise Ausrichtung bekommen konnte. Das moralische Gesetz ist deformiert, es hat seit Langem seine Steuerungsfähigkeit verloren, da es keine verlässlichen Orientierungen mehr liefert.

Für den Verlust der Orientierung und aus dem menschlichen Innern heraus wirkender moralischer Gesetze, gibt es zahlreiche Symptome; dazu gehören Kriege, Hunger, Raubbau an Ressourcen und unter vielen anderen auch die Ignoranz gegenüber Flüchtlingen.

Diese Symptome sind durchgehend aggressiver Natur, sie führen zu Zerstörung von Menschenleben bzw. ihrer Lebensgrundlagen, durch Abholzung der Wälder, verhungernde Kinder, Kriegshandlungen. Wenn Menschen in der Folge dieser Vorgänge sich auf die Flucht begeben, ist das ein Zeichen Ihres Lebenswillens, ihrer Hoffnung auf ein besseres Leben, es ist ein Ausdruck von Lebendigkeit, eines unbändigen Lebenstriebes. Wie kann man, wie können wir angesichts dieser Vorgänge die Augen verschließen und die Türen?

Riesensonnen in unserer
Milchstraße, fern von unserer
mittelgroßen Sonne.

Ferne Spiralgalaxie,
weit außerhalb unserer Milchstraße.
Rechts Kartographierung
von Strukturelementen
dieser »Sternenversammlung«.

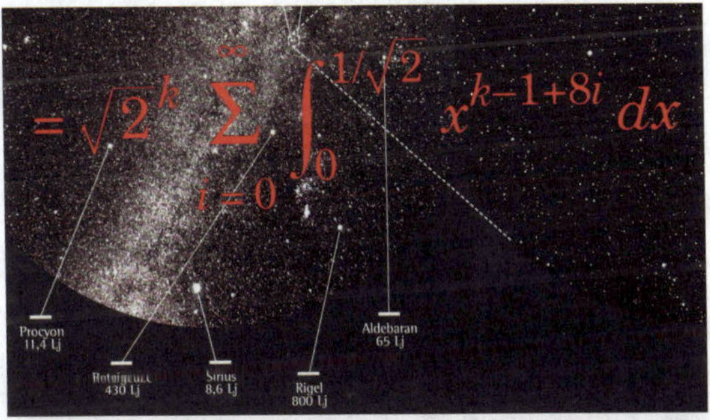
$= \sqrt{2}^k \sum_{i=0}^{\infty} \int_0^{1/\sqrt{2}} x^{k-1+8i} \, dx$
Procyon 11,4 Lj
430 Lj
Sirius 8,6 Lj
Rigel 800 Lj
Aldebaran 65 Lj

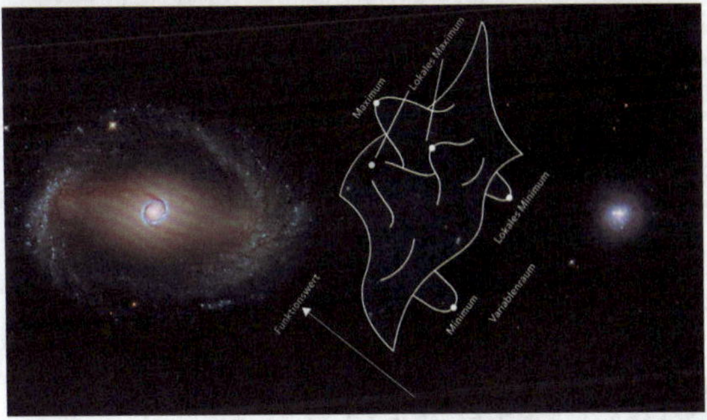
Maximum
Lokales Maximum
Lokales Minimum
Minimum
Variablenraum
Funktionswert

Mirakel eines Doppelsternsystems.
Eine Beobachtung von 2022:
»Ein Zwergstern von extrem hoher Dichte saugt Materie
von der Oberfläche eines ihn begleitenden Riesen-
sterns von geringerer Dichte.« Die Rotationsenergie
des »räuberischen« Zwergs ist so intensiv,
dass ein Jet von beiden Polen dieses Himmelskörpers
ausgeht, der *überschießende* Materie wie ein
Richtstrahl in den umgebenden Kosmos abgibt.

$$\pi = \frac{1}{64} \sum_{n=0}^{\infty} \frac{(-1)^n}{2^{10n}} \left(\frac{32}{4n+1} - \frac{1}{4n+3} + \frac{256}{10n+1} - \frac{64}{10n+3} - \frac{4}{10n+5} - \frac{4}{10n+7} + \frac{1}{10n+9} \right)$$

Sollte die unsterbliche Seele wohl in der ganzen Unendlichkeit ihrer künftigen Dauer, die das Grab selber nicht unterbricht, sondern nur verändert, an diesen Punkt des Weltraumes, an unsere Erde jederzeit geheftet bleiben? Sollte sie niemals von den übrigen Wundern der Schöpfung eines näheren Anschauens teilhaftig werden? [...]

Vielleicht bilden sich darum noch einige Kugeln des Planetensystems aus, um nach vollendetem Ablaufe der Zeit, die unserem Aufenthalte allhier vorgeschrieben ist, uns in andern Himmeln neue Wohnplätze zu bereiten. Wer weiß, laufen nicht jene Trabanten um den Jupiter, um uns dereinst zu leuchten? [...]

Der Planet Saturn.
Nahaufnahme der NASA-Sonde Cassini
aus dem Jahr 2004.

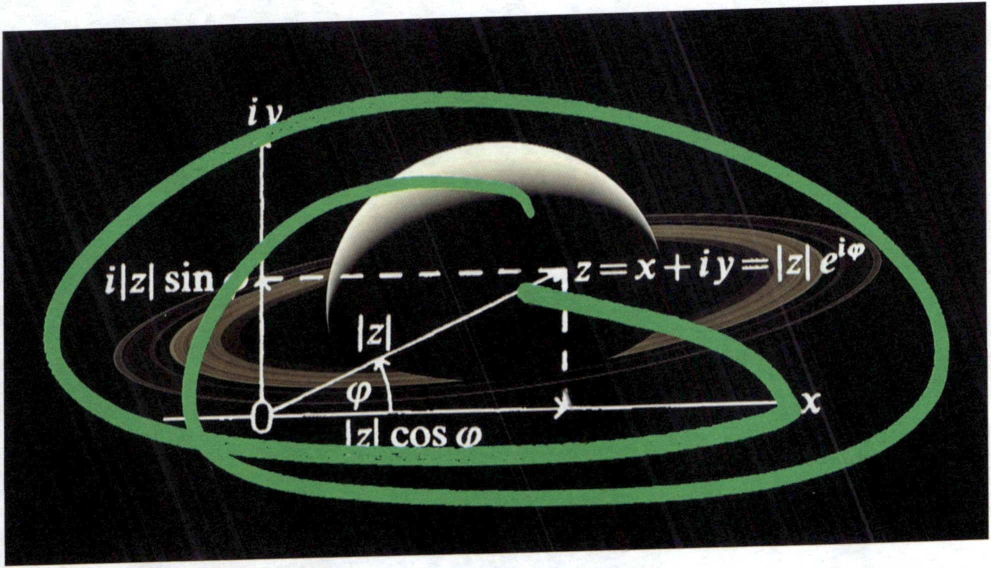

iy
i|z| sin φ
z = x + iy = |z| e^{iφ}
|z|
φ
0
x
|z| cos φ

Ich bin der Meinung, dass es eben nicht notwendig sei, zu behaupten, alle Planeten müssten bewohnt sein, ob es gleich eine Ungereimtheit wäre, dieses in Ansehung aller, oder auch nur der meisten, zu leugnen. [...]

Vielleicht, dass sich noch nicht alle Himmelskörper völlig ausgebildet haben; es gehören Jahrhunderte, und vielleicht Tausende von Jahren dazu, bis ein großer Himmelskörper einen festen Stand seiner Materien erlangt hat. Jupiter scheinet noch in diesem Streite zu sein. Die merkliche Abwechslung seiner Gestalt, zu verschiedenen Zeiten, hat die Astronomen schon vorlängst mutmaßen lassen, dass er große Umstürzungen erleiden müsse, und bei weiten so ruhig auf seiner Oberfläche nicht sei, als es ein bewohnbarer Planet sein muss. [...]

»EINE GLÜCKLICHE GEDANKENKONSTELLATION WIRD NICHT SCHON DADURCH HINFÄLLIG, DASS DIE ZUKUNFT NEUE BEOBACHTUNGEN HERVORBRINGT« / DIE GUTEN GEDANKEN SUCHEN SICH DANN ANDERE FAKTEN / EIN PHILOSOPH AUS SCHWABEN ZEIGT SICH VERLIEBT »IN DIE IRRTÜMER DES MEISTERS AUS KÖNIGSBERG«

Ein süddeutscher Gelehrter – während des erneuten Lockdowns im Jahr 2021 philosophisch an seinem Schreibtisch ab sechs Uhr früh unterwegs –, Anhänger der Schule des Süddeutschen Neukantianismus (Lask, Rickert und Windelband), schätzte die Schriften Immanuel Kants, die sich auf Kosmos, die Gestirne und von ihm vorausgesetzte »außerirdische Lebewesen« bezogen, als »wertvolle gedankliche Entwürfe«. Die Respektierung des Kosmos, durch Immanuel Kant, unabhängig von den begrenzten Horizonten unserer Erde und unseres Planetensystems, bilden eine Einheit, gleich ob es sich um vorkritische Äußerungen, also Schriften bis 1768, oder um spätere Äußerungen des Meisters handle. Gewiss sei der Stand der Forschung im 18. Jahrhundert vom Stand der Forschung unserer Jetztzeit verschieden. Die Konstellation eines Gedankens, dessen Schlüsselgewalt und Eignung als Suchbegriff, bestehe als »phänomenologische Perle« unabhängig von den Tatsachen, auf die sich ein solches Modell, die »Chiffre des Gedankens«, beziehe. Ändert sich der Stand der Beobachtung, müsse das gedankliche Modell auf diese Veränderung neu bezogen werden. Proportionsverhältnisse grundlegender Art, so dieser Neukantianer, würden aber nicht dadurch obsolet, dass die Faktenlage sich umdefiniere. Gedanken des Meisters aus Königsberg enthielten eine ARBEITSERFAHRUNG, eine DENKANSTRENGUNG, im besonderen Falle von Kants Annahme, dass es mit Sicherheit Intelligenz außerhalb des Planeten Erde und vermutlich auch außerhalb des Sonnensystems gäbe: die Generosität dieses Gedankens, der darin enthaltene »Respekt vor dem Unerforschten« – bei all dem gehe es um Proportionsverhältnisse. Dies eben sei die Bedeutung des Wortes Konstellation. Er als Gelehrter des Jahres 2021 wolle betonen, dass es sehr wohl Konzeptionen gebe, so wertvoll, dass sie, wenn sie auf die durch Fernrohre feststellbaren Tatsachen nicht passen, eben für ihre Anwendung NEUE TATSACHEN sich suchen müssen.

Es »frappiert mich«, schrieb der junge Gelehrte und Enthusiast, dass Immanuel Kant die Besiedlung fremder Planeten mit außerirdischer Intelligenz für eine unabweisbare Tatsache halte. Dem Magister aus Königsberg fehle der »Hochmut des anthropozentrischen Blicks«.

Die Intelligenz und die Körper »der Fremden draußen im Kosmos«, heiße es in Kants Analyse, hätten sicher andere Körper und – entsprechend den anderen Verhältnissen auf dem fremden Planeten – eine andere Ausformung der Intelligenz. An dieser Aussage, führt der Neukantianer seine Überlegung fort, ändert sich nichts dadurch, dass wir heute wissen, dass es auf dem Planeten Jupiter keine »Lebewesen mit stämmigeren Muskeln wegen der stärkeren Schwerkraft dort, gebe.« Auch sei die Annahme, dass mit zunehmender Entfernung von der Sonne, nämlich dem höchsten Konzentrat an verdichteter Materie in unserem Planetensystem, die Freiheit der feinen Zellgewebe, die Gelenke der Körper, die Elastizität der Nerven und auch der Intelligenzen zunehme, eher abwegig. Nichts aber davon sei bereits endgültig und für alle annehmbaren Fälle widerlegt. Ob, wenn der Planet Jupiter keine Lebewesen in seinen gigantischen Wolkensystemen beherberge, nicht vielleicht der Planet selbst über Intelligenz verfüge, das sei erst noch zu erforschen.

Es werde sich aber schon in den nächsten Jahrzehnten, so der Heidelberger Neukantianer, erweisen, dass die astrophysikalische Forschung auf außerirdische Lebendigkeiten, treffen werde. Nur die Entfernung zu den Himmelskörpern, auf denen sich dieses außerirdische Leben bewege – »geistig« und »weltrepublikanisch« – sei deutlich weiter entfernt und im All verstreut, als die Astronomen im 18. Jahrhundert meinten. Der Gelehrte in Heidelberg besuchte häufig das Max-Planck-Institut für Astronomie und dort den

Nachfolger des Experten für theoretische Astronomie Dr. Rolf Sprengel. Der saß wie sein Vorgänger vor einem gewaltigen Computer und sortierte Ergebnisse zur Himmelsmechanik nach dem Kenntnisstand des Jahres 2021.

Anschauliches Beispiel aus der modernen
Astrophysik für die Begriffe »Zeit« und »Äon«.
Die Abbildung zeigt die Fusion zweier Milchstraßen.
Der Vorgang benötigt den Zeitraum von
zwei Milliarden Jahren.
Das Bild zeigt eine Momentaufnahme von vor
420 Millionen Jahren, da die fusionierenden Galaxien
420 Lichtjahre von unseren Fernrohren »entfernt« sind.

»TAGE SIND GLEICHSAM KINDER DER ZEIT«

Die Schrift Kants, in der diese Worte stehen, heißt *Das Ende aller Dinge*. Der Ausgangspunkt ist das Wort Lebenszeit. Davon heben sich andere Worte ab. Sie scheinen ihm »erhaben«, »furchtbar«, »wegen seiner Dunkelheit in der Einbildungskraft mächtiger als beim hellen Licht«, als ein »Gedanke, der etwas Grausendes in sich hat, weil er gleichsam an den Rand eines Abgrunds führt«: das sind Worte wie »Gerichtstag«, »jüngstes Gericht«, »Ende der Welt«.

Kant spricht vom »Abfallen der Sterne vom Himmel«, vom »Einsturz dieses Himmels selbst (oder das Entweichen desselben als eines eingewickelten Buchs), das Verbrennen beider ...«, auch spricht er von »Schöpfung eines neuen Himmels«. Dann aber wäre dies kein *Ende aller Dinge*, sondern der Anfang neuer Tage, es entstünden uns derzeit unbekannte »Kinder der Zeit«. [...] Sollte es mit dem Christentum einmal dahin kommen, dass es aufhörte liebenswürdig zu sein (welches sich wohl zutragen könnte, wenn es, statt seines sanften Geistes, mit gebieterischer Auktorität bewaffnet würde): so müsste, weil in moralischen Dingen keine Neutralität (noch weniger Koalition entgegengesetzter Prinzipien) Statt findet, eine Abneigung und Widersetzlichkeit gegen dasselbe die herrschende Denkart der Menschen werden; und der Antichrist, der ohnehin für den Vorläufer des jüngsten Tages gehalten wird, würde sein (vermutlich auf Furcht und Eigennutz gegründetes) obzwar kurzes Regiment anfangen: alsdann aber, weil das Christentum allgemeine Weltreligion zu sein zwar bestimmt, aber es zu werden von dem Schicksal nicht begünstigt sein würde, das (verkehrte) Ende aller Dinge in moralischer Rücksicht eintreten.

Königsberg.

I. Kant

Kant beschreibt die Vermögen der Vernunft als eine Naturkraft. Was die Natur entwickelt hat, sagt Kant, will sie auch anwenden. Das, was als Arbeit der Verstandeskrafte bei Kant erscheint, kehrt bei Marx als Denkprozess der wirklichen Verhältnisse wieder; das, was denkt, ist in der Wirklichkeit die Arbeit. Jürgen Habermas liest diesen Kontext in seinem Buch *Erkenntnis und Interesse* im Zusammenhang der vehementen, kritischen Gegenbewegung Nietzsches. Es ist deutlich, dass die Verschiedenartigkeit der Systematiken eine solche Kontextierung eigentlich nicht zuläßt. Marx liest Kant – er erwähnt ihn nicht, und man weiß wenig von seiner Lektüre – aus der Verarbeitung, die er in Hegels System erfährt. Es ist unzulässig, Nietzsche eine Hegel- oder Marx-Rezeption zu unterstellen. Dies vorausgeschickt, ergeben sich aus allen Brüchen Beziehungen. Nietzsches Polemik ist ihrer Form nach absolut antidialektisch und »von der Absicht getragen, alle Mystifikationen, die in der Dialektik ihre letzte Fluchtstätte gefunden haben, aufzudecken«. Danach bestimmen drei leitende Ideen die Dialektik: (1) Die Macht des Negativen »als theoretisches Prinzip«; (2) die des Werts von Leiden und Trübsinn, die Aufwertung der ›tristen Leidenschaften‹ als praktisches Prinzip, das sich in der Zerrissenheit, in der Entzweiung manifestiert; (3) die der Positivität als theoretisches und praktisches Produkt der Negation. Es ist wohl kaum übertrieben zu erklären, dass Nietzsches ganze Philosophie ihrem polemischen Gehalt nach der Bloßstellung dieser drei Ideen gilt.« Es wäre übertrieben zu sagen, dass wir dem dialektischen Prinzip nicht anhängen. In diesem Prinzip ist es aber z. B. der Knecht, der nach dem Bilde seines Elends das Bild des Herrn produziert. Anders gesagt: Der Herr, der zuvor den Knecht produziert hat, war kein Herr. Es war einer, der »à la baisse« spekuliert hat.

Diese Dialektik grenzt aus. Eine »ausgrenzende Dialektik« taugt nichts. Auf der Ebene des praktischen Prinzips macht die Wahrnehmung des wirklichen Elends, der Beugung jeder Wahrnehmung durch die »tristen Leidenschaften«, d. h.: die Anerkennung des Realitätsprinzips, das das Elend verbürgt, indem sich die Rebellion auf dieses Elend fixiert, den starren, ausweglosen Blick aus. Die kritische Praxis richtet sich im Elend ein, wird ihm gerecht, was doch nicht die Aufgabe der Kritik ist: Kritik verhält sich kritisch zum Elend.

DER ZÄRTLICHE KEIM

»Wenn denn die Natur unter dieser harten Hülle den Keim, für den sie am zärtlichsten sorgt, nämlich den Hang und Beruf zum freien Denken, ausgewickelt hat: so wirkt dieser allmählich zurück auf die Sinnesart des Volks (wodurch dieses der Freiheit zu handeln nach und nach fähiger wird) ...«

... Königsberg in Preußen,
den 30. September 1784
I. Kant

Aus: »Beantwortung der Frage:
Was ist Aufklärung?«

DIE ERNSTHAFTIGKEIT, MIT DER IMMANUEL KANT VOM HAUS UND DEM HAUSRECHT SPRICHT

Der Sitz der Ökonomie (was die Hand tut, was der Kopf tut) ist das Haus. Nicht das Schiff oder der Fluss wie bei seefahrenden Völkern, sondern Haus und Hof samt Menschen darin. Von dem auf dingliche Art persönlichen Recht sagt Kant: »Das Mein und Dein nach diesem Recht ist das Häusliche und das Verhältnis in diesem Zustand ist das der Gemeinschaft freier Wesen, die durch den wechselseitigen Einfluß (der Person des einen auf das andere) nach dem Prinzip der äußeren Freiheit (Kausalität), eine Gesellschaft von Gliedern eines Ganzen (in Gemeinschaft stehender Personen) ausmachen, welches das Hauswesen heißt.« Kant fährt fort: »Die Erwerbungsart dieses Zustandes und in demselben geschieht weder durch eigenmächtige Tat (facto), noch durch bloßen Vertrag (pacto), sondern durchs Gesetz (lege), welches, weil es kein Recht an einer Sache, auch nicht ein bloßes Recht gegen eine Person, sondern auch ein Besitz derselben zugleich ist, ein über alle Sachen und Persönliches hinausliegendes Recht, nämlich das Recht der Menschheit in unserer eigenen Person sein muss, welches ein natürliches Erlaubnisgesetz zur Folge hat, durch dessen Gunst uns eine solche Erwerbung möglich ist.

Man beachte mit welchen Worten Kant vom Hausrecht spricht, als ginge es um die ganze Welt. Man kann die Konstitutionsphilosophie Kants selber als den Versuch eines philosophischen Hausbaus verstehen: Was darf einer hineinlassen? Was muss unbedingt draußen bleiben?

»Das gemein-germanische Wort Haus gehört zu der weit verästelten Wortgruppe der indogermanischen Wurzel (skeu-) ›bedecken, umhüllen‹ (vgl. Scheune). Eng verwandt sind im germ. Sprachbereich die unter •Hose und •Hort behandelten Worte (Duden, Die Etymologie der deutschen Sprache, Mannheim/Berlin/Zürich 1963, S. 253). Hohes Haus (Anrede an das Parlament), Hausrecht (auch bei Industrieanlagen, in denen niemand wohnt, durch Stacheldraht und Werkschutz gesichert), Häuserkampf, haushälterisch, von Haus aus (d. h. nach der Natur der Sache), »außer Häuschen sein, Haushaltsplan, auf den Tisch des Hauses legen, Elend (*ali lente*, d. h. in einem anderen Land sein), gemütlich (das Wort ist in keiner anderen europäischen Sprache nachzuahmen), Hausfrau, Haustier, Gewächshaus, Warenhaus, hausen, Hausvater, Hausgeist, Hausfreund, häuslich, Hausmannskost, Hausdurchsuchung, »Hausfriedensbruch« ...

»EINVERNEHMLICHE ZUSAMMENARBEIT DER GEMÜTSKRÄFTE BEIM DENKEN«

Ein Stahlarbeiter aus Essen, inzwischen aus betrieblichen Gründen arbeitslos gestellt, leitet alle zwei Wochen in der Volkshochschule einen Immanuel-Kant-Kursus. In der zweiten Woche des Oktober 2022 geht es um das Thema: BEGRIFF DER VOLLSTÄNDIGEN VERSAMMLUNG ALLER GEMÜTSKRÄFTE BEI DER VERNUNFTARBEIT.

Diese Arbeit der Gemütskräfte sei, so sagt es der Referent, ein Beispiel für »gefügeartige Kooperation«. Das sei ein Begriff aus der Schwerindustrie. Wird ein schweres Gerät oder ein in Arbeit befindlicher übergroßer Produktionsgegenstand von einem Ort zu einem anderen bewegt, so komme es darauf an, dass nicht einer der daran tätigen Arbeiter aus Ehrgeiz oder Können schneller und heftiger als die anderen agiere, ein anderer dagegen langsamer, sei es aus Nachdenklichkeit oder Nachlässigkeit. Alle an dieser kollektiven Hantierung Tätigen müssten vielmehr gemeinsam, sozusagen im Takt miteinander, heben, stützen, ziehen, lenken und laufen. Sie müssten dem folgen, was Gesetz ist. Dies ist nicht, rief der Referent aus, bloß Disziplin oder Vorschrift, sondern SELBSTORGANISATION. Es ist der GEIST DER ARBEIT (»animal spirits«

bei Marx genannt). Gewissermaßen ein PRINZIP DER ARBEIT. Dies nenne man GEFÜGEARTIGE ARBEIT im Gegensatz zur Einzelarbeit oder einer bloß mechanischen Tätigkeit. Sie stelle die höchste Form intelligenter Arbeit dar und sei mit dem Begriff »Kunststück« besser zu fassen als mit der Bezeichnung »Fleiß«. Genau dieses Modell der Arbeit, führte der Referent sein Argument fort, gilt für die DENKARBEIT. In ihr werden nicht bloß sechzehn Kräfte wie in der Stahlproduktion an einem Gegenstand tätig, sondern es werden bis zu achtundachtzig Kräfte benötigt. Er nenne hier nur einige davon zur Veranschaulichung:

Kraft Nr. 1 ist der »innere Grund«, die Schubkraft, die vom Motiv ausgeht. Diese Gemütskraft hat zeitlich die längsten Wurzeln. Eine dieser Wurzeln oder ZUFUHREN an Energie versuche ich, so der Referent, aus der Gegenwart zu ziehen (»ich fasse den Ernst des Gelingens ins Auge und strenge mich an«).

Andere Zufuhren, die meine Anstrengung nähren, reichen zurück in meine Kindheit, meine Abkunft, den Einfluss der Eltern. Quellen zusätzlicher »Fähigkeit, mir Mühe zu geben«, liegen in meiner Ausbildung, in der Erfahrung von tausenden von Denkarbeitern, die sich vor mir schon Mühe gaben. Alles das gehört zum Motiv, gehört zu dem Grund, weswegen ich überhaupt denke.

Nr. 2 der Gemütskräfte ist die Ansammlung an sinnlicher Kraft. Sie richtet sich nach Außen. Es ist eine Kunst, Unterschiede zu machen, weniger die Erzeugung eines Beweggrunds. Was die Augen sagen, die Ohren hören, meine Erinnerung mir eingibt, meine Haut (»Tastsinn«), die Schläue und Geschicktheit meiner Fingerkuppe (»zum Beispiel beim Schrauben«), die Verbindung der sinnlichen Ausdrücke mit Ahnungen und Gewissheiten des Körpers oder meiner Erfahrung, das ist Arbeit meiner Sinne.

Gemütskraft Nr. 3 ist die Praxis der Orientierung. Mit ihrer Hilfe setze ich die Horizonte. Sie liegen nicht in meiner Entschlusskraft und auch nicht im sinnlichen Umgang mit meiner Nähe. Orientierung erfordert meine ganze subjektive Intensität. Ganze Generationen (zeitlich) und Völker (räumlich), bestimme ich als meine Horizonte. Ich nenne das, so fährt der Stahlreferent fort, den FERNSINN.

Als Nr. 4 dieses Teilstücks der Kooperation tritt das Ahnungsvermögen hinzu, der Möglichkeitssinn. Diese Gemütskraft, ein Abkömmling der EINBILDUNGSKRAFT, führt ein UNZÄHMBARES EIGENLEBEN. Das Wort Möglichkeitssinn, fährt der Referent fort, der schon, als er noch im Betrieb tätig war, Volkshochschulkurse besucht hatte, finde ich bei Robert Musil und bei Allan Poe. Dieser Möglichkeitssinn ist es, der die Menschen vor allen Tieren auszeichnet. Die Teile des Großhirns – das hat der Referent aus einer Publikation des Prof. Dr. med. Rolf Singer aus Frankfurt am Main –, die diese Einbildungskraft hervorbringen, das sogenannte

Assoziationszentrum diente ursprünglich bei den tierischen Vorfahren des Menschen als Rezeption der Nase. Bei Hund oder Wolf sind die entsprechenden Hirnlappen Geruchsorgan. Das wurde Sitz der Einbildungskräfte. »Ich rieche, also bin ich«. Diese Gemütskraft ist besonders reich an Irrtum. Zugleich ist sie die wichtigste Quelle für die Herstellung von Gleichgewichtsverhältnissen bei der Vernunftarbeit. In der gefügeartigen Arbeit in der Stahlproduktion entspräche dem Gleichgewichtssystem und der Einbildungskraft der Ruf HAU-RUCK und die gleichzeitige, vom Gefühl gesteuerte, genau abgestimmte Anpassung aller sechzehn Leute in Bezug auf Tempo, Ausrichtung und Ziel. Dies sei, so der Referent, der an dieser Stelle einige Sätze von Kant vorliest, die robusteste Form »einer allgemeinen Gesetzgebung«.

Die Gemütskräfte der Organisation (Nr. 5), des Gehorsams (Nr. 6), der Rebellion (Nr. 7), werde ich in der nächsten Stunde beschreiben, beendete der Referent seinen Kursus. Ebenso wie die Gemütskraft der Präzision (Nr. 8), der Nachhaltigkeit (Nr. 9), zu der die Voraussicht und die Vorsicht und die Sorgfalt gehören. Und schließlich die Hoffnung (Nr. 10). Alles dies seien Lebenselemente, deren Zusammenwirken als VOLLSTÄNDIGE VERSAMMLUNG DER GEMÜTSKRÄFTE BEIM DENKEN bei der Produktion von Vernunft Bedingung sei. Dabei seien zum Beispiel Gemütskräfte wie die Nr. 9 oder Präzision (Nr. 8) ihrerseits bereits Versammlungen von Gemütskräften, die ihrerseits zusammengehalten oder zusammengeführt werden müssten. Niemals aber dürfe man sich die *Republikanisierung der subjektiven Seite der Menschen* als Räderwerk oder Mühle vorstellen. Um Geister oder Dämonen – umgekehrt betrachtet – handele es sich ebenfalls nicht. Man müsse den passenden Ausdruck für das, was hier zwischen den Gemütskräften und dann auch zwischen den verschiedenen Menschen (»als Inhaber dieser Gemeinwesen an Gemütskräften«) die wiederum zusammenarbeiten müssen bei jeder Denkarbeit, erst noch finden. Die überlieferte Sprache habe hierfür nicht vorgesorgt.

DIE ANALOGIE, EINE SCHWESTER DER METAPHER

Das Analogische nennt Kant »die Verbindung zwischen Sinnlichkeit und Verstand im Symbolischen«. Er gibt ein Beispiel dafür. Der despotische Staat, heißt es bei ihm, kann symbolisch durch eine Analogie dargestellt werden, etwa durch eine HANDMÜHLE, da er durch einen einzelnen absoluten Willen beherrscht wird. »Denn zwischen dem despotischen Staat und einer Handmühle ist zwar keine Ähnlichkeit, wohl aber zwischen den Regeln über beide und ihre Kausalität zu reflektieren ...«.

Leuchtturm von Jean-Jaques Lequeu,
der dazu dient, dass sich verirrte
Wanderer in der Wüste zurechtzufinden.
Von der Installation existiert nur
ein Exemplar. Lequeu war aktiver
Revolutionär und Architekt während
der Französischen Revolution.

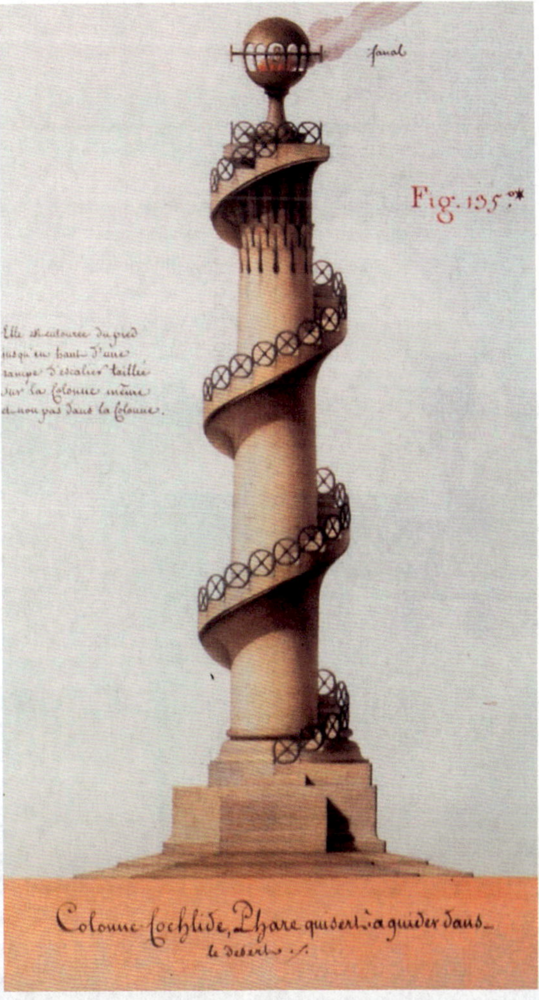
fanal
Fig. 135.e*
Elle est entourée du pied
jusqu'en haut d'une
rampe d'escalier taillée
sur la colonne même
et non pas dans la colonne.
Colonne Cochlide, Phare qui sert à guider dans
le desert

Glühbirne. Solche Leuchtkörper
haben in Sibirien nach 1917
die rasche Alphabetisierung
ermöglicht.

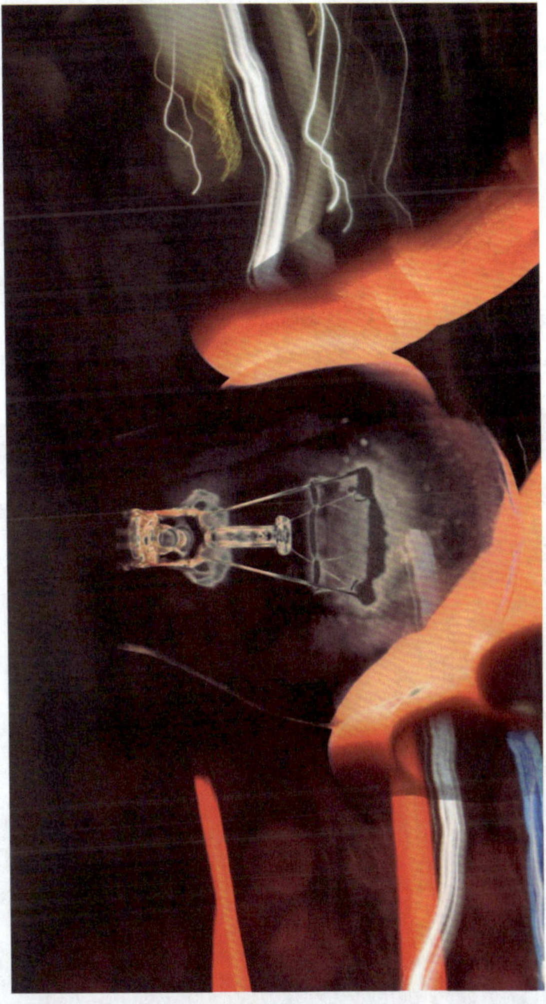

»Beantwortung der Frage: Was ist Aufklärung?«, in: Immanuel Kant: *Schriften zur Anthropologie, Geschichtsphilosophie, Politik und Pädagogik 1*, Werkausgabe Band XI, herausgegeben von Wilhelm Weischedel, Frankfurt am Main: Suhrkamp Verlag 1968, S. 51–61.

»Über ein vermeintes Recht aus Menschenliebe zu lügen«, in: Immanuel Kant: *Die Metaphysik der Sitten*, Werkausgabe Band VIII, herausgegeben von Wilhelm Weischedel, Frankfurt am Main: Suhrkamp Verlag 1968, S. 637–643.

»Was heißt: sich im Denken orientieren?«, in: Immanuel Kant: *Schriften zur Metaphysik und Logik 1*, Werkausgabe Band V, herausgegeben von Wilhelm Weischedel, Frankfurt am Main: Suhrkamp Verlag 1968, S. 265–283

Immanuel Kant: *Kritik der reinen Vernunft 1*, Werkausgabe Band III, herausgegeben von Wilhelm Weischedel, Frankfurt am Main: Suhrkamp Verlag 1968.

Immanuel Kant: *Kritik der reinen Vernunft 2*, Werkausgabe Band IV, herausgegeben von Wilhelm Weischedel, Frankfurt am Main: Suhrkamp Verlag 1968.

Immanuel Kant: *Kritik der Urteilskraft*, Werkausgabe Band X, herausgegeben von Wilhelm Weischedel, Frankfurt am Main: Suhrkamp Verlag 1968.

Immanuel Kant: *Die Metaphysik der Sitten*, Werkausgabe Band VIII, herausgegeben von Wilhelm Weischedel, Frankfurt am Main: Suhrkamp Verlag 1968.

»Grundlegung zur Metaphysik der Sitten«, in: Immanuel Kant: *Kritik der praktischen Vernunft. Grundlegung zur Metaphysik der Sitten*, Werkausgabe Band VII, herausgegeben von Wilhelm Weischedel, Frankfurt am Main: Suhrkamp Verlag 1968, S. 7–102.

»Kritik der praktischen Vernunft«, in: Immanuel Kant: *Kritik der praktischen Vernunft. Grundlegung zur Metaphysik der Sitten*, Werkausgabe Band VII, herausgegeben von Wilhelm Weischedel, Frankfurt am Main: Suhrkamp Verlag 1968, S. 103–302.

»Träume eines Geistersehers, erläutert durch Träume der Metaphysik«, in: Immanuel Kant: *Vorkritische Schriften bis 1768 2*, Werkausgabe Band II, herausgegeben von Wilhelm Weischedel, Frankfurt am Main: Suhrkamp Verlag 1968, S. 923–992.

»Allgemeine Naturgeschichte und Theorie des Himmels, oder der Versuch von der Verfassung und dem mechanischen Ursprunge des ganze Weltgebäudes nach Newtonischen Grundsätzen abgehandelt«, in: Immanuel Kant: *Vorkritische Schriften bis 1768 1*, Werkausgabe Band I, herausgegeben von Wilhelm Weischedel, Frankfurt am Main: Suhrkamp Verlag 1968, S. 219–400.

»Idee zu einer allgemeinen Geschichte in weltbürgerlicher Absicht«, in: Immanuel Kant: *Schriften zur Anthropologie, Geschichtsphilosophie, Politik und Pädagogik 1*, Werkausgabe Band XI, herausgegeben von Wilhelm Weischedel, Frankfurt am Main: Suhrkamp Verlag 1968, S. 31–50.

»Zum ewigen Frieden«, in: Immanuel Kant: *Schriften zur Anthropologie, Geschichtsphilosophie, Politik und Pädagogik 1*, Werkausgabe Band XI, herausgegeben von Wilhelm Weischedel, Frankfurt am Main: Suhrkamp Verlag 1968, S. 191–251.

ZITATE

[Im Text verkürzt angesprochen,
hier im Wortlaut vervollständigt]

»Aufklärung ist der Ausgang des Menschen aus seiner selbst verschuldeten Unmündigkeit. Unmündigkeit ist das Unvermögen, sich seines Verstandes ohne Leitung eines anderen zu bedienen.«, aus »Beantwortung der Frage: Was ist Aufklärung?«, in: Immanuel Kant: *Schriften zur Anthropologie, Geschichtsphilosophie, Politik und Pädagogik 1*, Werkausgabe Band XI, herausgegeben von Wilhelm Weischedel, Frankfurt am Main: Suhrkamp Verlag 1968, S. 51.

»... räsonniert, so viel ihr wollt, und worüber ihr wollt; aber gehorcht«, aus: »Beantwortung der Frage: Was ist Aufklärung?«, in: Immanuel Kant: *Schriften zur Anthropologie, Geschichtsphilosophie, Politik und Pädagogik 1*, Werkausgabe Band XI, herausgegeben von Wilhelm Weischedel, Frankfurt am Main: Suhrkamp Verlag 1968, S. 55.

»Sapere aude! Habe Mut, dich deines eigenen Verstandes zu bedienen!«, aus: »Beantwortung der Frage: Was ist Aufklärung?«, in: Immanuel Kant: *Schriften zur Anthropologie, Geschichtsphilosophie, Politik und Pädagogik 1*, Werkausgabe Band XI, herausgegeben von Wilhelm Weischedel, Frankfurt am Main: Suhrkamp Verlag 1968, S. 51.

»Es ist überall nichts in der Welt, ja überhaupt auch außer derselben zu denken möglich, was ohne Einschränkung für gut könnte gehalten werden, als allein ein guter Wille«, aus: »Grundlegung zur Metaphysik der Sitten«, in: Immanuel Kant: *Kritik der praktischen Vernunft. Grundlegung zur Metaphysik der Sitten*, Werkausgabe Band VII, herausgegeben von Wilhelm Weischedel, Frankfurt am Main: Suhrkamp Verlag 1968, S. 18.

»Zuerst gefällt sich das Genie sehr in seinem kühnen Schwunge«, aus: »Was heißt: sich im Denken orientieren?«, in: Immanuel Kant: *Schriften zur Metaphysik und Logik 1*, Werkausgabe Band V, herausgegeben von Wilhelm Weischedel, Frankfurt am Main: Suhrkamp Verlag 1968, S. 281.

»Die fast unlösbare Aufgabe besteht darin, weder von der Macht der anderen, noch von der eigenen Ohnmacht sich dumm machen zu lassen«, aus: Theodor W. Adorno: *Minima Moralia. Reflexionen aus dem beschädigten Leben* (Gesammelte Schriften, herausgegeben von Rolf Tiedemann unter Mitwirkung von Gretel Adorno, Susan Buck-Morss und Klaus Schulz, Band 4), Frankfurt am Main: Suhrkamp Verlag 2003, S. 63.

»Nun aber tritt das Recht des Bedürfnisses der Vernunft ein, als eines subjektiven Grundes, etwas vorauszusetzen und anzunehmen, was sie durch objektive Gründe zu wissen sich nicht anmaßen darf; und folglich sich im Denken, im unermeßlichen und für uns mit dicker Nacht erfülleten Raume des Übersinnlichen, lediglich durch ihr eigenes Bedürfnis zu orientieren«, aus: »Was heißt: sich im Denken orientieren?«, in: Immanuel Kant: *Schriften zur Metaphysik und Logik 1*, Werkausgabe Band V, herausgegeben von Wilhelm Weischedel, Frankfurt am Main: Suhrkamp Verlag 1968, S. 271.

»Zwei Dinge erfüllen das Gemüt mit immer neuer und zunehmenden Bewunderung und Ehrfurcht, je öfter und anhaltender sich das Nachdenken damit beschäftigt: Der bestirnte Himmel über mir, und das moralische Gesetz in mir«, aus: *Kritik der praktischen Vernunft*, in: Immanuel Kant: *Kritik der praktischen Vernunft. Grundlegung zur Metaphysik der Sitten*, Werkausgabe Band VII, herausgegeben von Wilhelm Weischedel, Frankfurt am Main: Suhrkamp Verlag 1968, S. 300.

»Ich kenne daher die Schriften der großen Männer, die sich unterdessen in der Methaphysik hervorgethan, die Werke *Lamberts, Tetens, Plattners* und selbst des alles zermalmenden *Kants*, nur aus unzulänglichen Berichten meiner Freunde oder aus gelehrten Anzeigen, die selten viel belehrender sind.«, aus: Moses Mendelssohn: *Morgenstunden oder Vorlesungen über das Daseyn Gottes*.

»Das Bewußtsein eines inneren Gerichtshofes im Menschen (›vor welchem sich seine Gedanken einander verklagen oder entschuldigen‹) ist das Gewissen«, aus: Immanuel Kant: *Die Metaphysik der Sitten*, Werkausgabe Band VIII, herausgegeben von Wilhelm Weischedel, Frankfurt am Main: Suhrkamp Verlag 1968, S. 537.

»Alle Menschen sind ursprünglich (d.i. vor allem rechtlichem Akt der Willkür) im rechtmäßigen Besitz des Bodens, d.i. sie haben ein Recht, da zu sein, wohin sie die Natur, oder der Zufall (ohne ihren Willen) gesetzt hat. Dieser Besitz (possessio), der vom Sitz (sedes), als einem willkürlichen, mithin erworbenen, dauernden Besitz unterschieden ist, ist ein gemeinsamer Besitz, wegen der Einheit aller Plätze auf der Erdfläche, als Kugelfläche; weil, wenn sie eine unendliche Ebene wäre, die Menschen sich darauf so zerstreuen könnten, daß sie in gar keine Gemeinschaft mit einander kämen, diese also nicht eine notwendige Folge von ihrem Dasein auf Erden wäre«, aus: Immanuel Kant: *Die Metaphysik der Sitten*, Werkausgabe Band VIII, herausgegeben von Wilhelm Weischedel, Frankfurt am Main: Suhrkamp Verlag 1968, S. 373.

»Es ist also ein heiliges, unbedingt gebietendes, durch keine Konvenienzen einzuschränkendes Vernunftgebot: in allen Erklärungen wahrhaft (ehrlich) zu sein«, aus: »Über ein vermeintes

Recht aus Menschenliebe zu lügen«, in: Immanuel Kant: *Die Metaphysik der Sitten*, Werkausgabe Band VIII, herausgegeben von Wilhelm Weischedel, Frankfurt am Main: Suhrkamp Verlag 1968, S. 639.

»Die Lüge also, bloß als vorsätzlich unwahre Deklaration gegen einen andern Menschen definiert, bedarf nicht des Zusatzes, daß sie einem andern schaden müsse; wie die Juristen es zu ihrer Definition verlangen (mendacium est falsiloquium in praeiudicium alterius). Denn sie schadet jederzeit einem anderen, wenn gleich nicht einem andern Menschen, doch der Menschheit überhaupt, indem sie die Rechtsquelle unbrauchbar macht«, aus: »Über ein vermeintes Recht aus Menschenliebe zu lügen«, in: Immanuel Kant: *Die Metaphysik der Sitten*, Werkausgabe Band VIII, herausgegeben von Wilhelm Weischedel, Frankfurt am Main: Suhrkamp Verlag 1968, S. 638.

»Hierauf läßt sich vorläufig eine Realdefinition des Geldes gründen: es ist das allgemeine Mittel, den Fleiß der Menschen gegen einander zu verkehren, so: daß der Nationalreichtum, in sofern er vermittelst des Geldes erworben worden, eigentlich nur die Summe des Fleißes ist, mit dem Menschen sich untereinander lohnen, und welcher durch das in dem Volk umlaufende Geld repräsentiert wird«, in: Immanuel Kant:

Die Metaphysik der Sitten, Werkausgabe Band VIII, herausgegeben von Wilhelm Weischedel, Frankfurt am Main: Suhrkamp Verlag 1968, S. 401.

»Der kategorische Imperativ ist also nur ein einziger, und zwar dieser: handle nur nach derjenigen Maxime, durch die du zugleich wollen kannst, daß sie ein allgemeines Gesetz werde«, aus: »Grundlegung zur Metaphysik der Sitten«, in: Immanuel Kant: *Kritik der praktischen Vernunft. Grundlegung zur Metaphysik der Sitten*, Werkausgabe Band VII, herausgegeben von Wilhelm Weischedel, Frankfurt am Main: Suhrkamp Verlag 1968, S. 51.

»Alles wechselnde freie Spiel der Empfindungen (die keine Absicht zum Grunde haben) vergnügt; weil es das Gefühl der Gesundheit befördert: wir mögen nun in der Vernunftbeurteilung an seinem Gegenstande und selbst an diesem Vergnügen ein Wohlgefallen haben oder nicht; und dieses Vergnügen kann bis zum Affekt steigen, obgleich wir an dem Gegenstande selbst kein Interesse, wenigstens kein solches nehmen, was dem Grad des letztern proportoniert wäre. Wir können sie ins Glücksspiel, Tonspiel und Gedankenspiel einteilen. Das erste fordert ein Interesse, es sei der Eitelkeit oder des Eigennutzes, welches aber bei weitem nicht so groß ist, als das Interesse an der Art, wie wir es uns zu verschaffen suchen; das zweite bloß der Wechsel der Empfindungen, deren jede ihre Beziehung auf Affekt, aber ohne den Grad eines Affekts hat, und ästhetische Ideen rege macht; das dritte entspringt bloß aus dem Wechsel der Vorstellungen in der Urteilskraft, wodurch zwar kein Gedanke, der irgendein Interesse bei sich führte, erzeugt, das Gemüt aber doch belebt wird«, in: Immanuel Kant: *Kritik der Urteilskraft*, Werkausgabe Band X, herausgegeben von Wilhelm Weischedel, Frankfurt am Main: Suhrkamp Verlag 1968.

»Der Krieg aber selbst bedarf keines besondern Bewegungsgrundes, sondern scheint auf die menschliche Natur gepropft zu sein, und sogar als etwas Edles, wozu der Mensch durch den Ehrtrieb, ohne eigennützige Triebfedern, beseelt wird, zu gelten: so, daß Kriegsmut (von amerikanischen Wilden sowohl, als den europäischen, in den Ritterzeiten) nicht bloß, wenn Krieg ist (wie billig), sondern auch, daß Krieg sei, von unmittelbarem großem Wert zu sein geurteilt wird, und er oft, bloß um jenen zu zeigen, angefangen, mithin in dem Kriege an sich selbst eine innere Würde gesetzt wird, sogar daß ihm auch wohl Philosophen, als einer gewissen Veredelung der Menschheit, eine Lobrede halten, uneingedenk des Ausspruchs jenes Griechen: ›Der Krieg ist darin schlimm, daß er mehr böse Leute macht, als er deren wegnimmt.‹«, aus: »Zum ewigen Frieden«, in: Immanuel Kant: *Schriften zur Anthropologie, Geschichtsphilosophie, Politik und Pädagogik 1*, Werkausgabe Band XI, herausgegeben von Wilhelm Weischedel, Frankfurt am Main: Suhrkamp Verlag 1968, S. 222.

»Wenn denn die Natur unter dieser harten Hülle den Keim, für den sie am zärtlichsten sorgt, nämlich den Hang und Beruf zum freien Denken, ausgewickelt hat: so wirkt dieser allmählich zurück auf die Sinnesart des Volks (wodurch dieses der Freiheit zu handeln nach und nach fähiger wird), und endlich auch sogar auf die Grundsätze der Regierung, die es ihr selbst zuträglich findet, den Menschen, der nun mehr als Maschine ist, seiner Würde gemäß zu behandeln«, aus: »Beantwortung der Frage: Was ist Aufklärung?«, in: Immanuel Kant: *Schriften zur Anthropologie, Geschichtsphilosophie, Politik und Pädagogik 1*, Werkausgabe Band XI, herausgegeben von Wilhelm Weischedel, Frankfurt am Main: Suhrkamp Verlag 1968, S. 61.

»Das dritte bei Kant ist nun die Vernunft. Das zweite war der Verstand, das denkende Bestimmen. Kant geht von dem Verstand nun ebenso psychologisch zur Vernunft fort; sie wird eben auch angetroffen. Es wird im Seelensack herumgesucht, was darin für Vermögen sich befinden; es findet sich zufälligerweise noch Vernunft, – es wäre ebensogut, wenn auch keine: wie Magnetismus bei den Physikern zufällig ist, – es ist gleichgültig, ob er sei oder auch nicht. ›Alle unsere Erkenntnis hebt von den Sinnen an, geht von da zum Verstande und endigt bei der Vernunft, über welche nichts Höheres in uns angetroffen wird, den Stoff der Anschauung zu bearbeiten und unter die höchste Einheit des Denkens zu bringen.‹«, Georg Wilhelm Friedrich Hegel, *Vorlesungen über die Geschichte der Philosophie*, Dritter Teil. Neuere Philosophie.

»Der Begriff vom Hunde bedeutet eine Regel, nach welcher meine Einbildungskraft die Gestalt eines vierfüßigen Tieres allgemein verzeichnen kann, ohne auf irgend eine einzige besondere Gestalt, die mir die Erfahrung darbietet, oder auch ein jedes mögliches Bild, was ich in concreto darstellen kann, eingeschränkt zu sein«, in: Immanuel Kant: *Kritik der reinen Vernunft 1*, Werkausgabe Band III, herausgegeben von Wilhelm Weischedel, Frankfurt am Main: Suhrkamp Verlag 1968, S. 190.

»Es gibt aber auch keinen zulässigen skeptischen Gebrauch der reinen Vernunft, welchen man den Grundsatz der Neutralität bei allen ihren Streitigkeiten nennen könnte. Die Vernunft wider sich selbst zu verhetzen, ihr auf beiden Seiten Waffen zu reichen, und alsdenn ihrem hitzigsten Gefechte ruhig und spöttisch zuzusehen, sieht aus einem dogmatischen Gesichtspunkte nicht wohl aus, sondern hat das Ansehen einer schadenfrohen und hämischen Gemütsart an sich«, in: Immanuel

Kant: *Kritik der reinen Vernunft 2*, Werkausgabe Band IV, herausgegeben von Wilhelm Weischedel, Frankfurt am Main: Suhrkamp Verlag 1968, S. 643.

»Diese Aufgabe ist daher die schwerste unter allen; ja ihre vollkommene Auflösung ist unmöglich: aus so krummem Holze, als woraus der Mensch gemacht ist, kann nichts ganz Gerades gezimmert werden«, aus: »Idee zu einer allgemeinen Geschichte in weltbürgerlicher Absicht«, in: Immanuel Kant: *Schriften zur Anthropologie, Geschichtsphilosophie, Politik und Padagogik 1*, Werkausgabe Band XI, herausgegeben von Wilhelm Weischedel, Frankfurt am Main: Suhrkamp Verlag 1968, S. 41.

»Vielleicht bilden sich darum noch einige Kugeln des Planetensystems aus, um nach vollendetem Ablaufe der Zeit, die unserem Aufenthalte allhier vorgeschrieben ist, uns in andern Himmeln neue Wohnplätze zu bereiten«, aus: »Allgemeine Naturgeschichte und Theorie des Himmels, oder der Versuch von der Verfassung und dem mechanischen Ursprunge des ganze Weltgebäudes nach Newtonischen Grundsätzen abgehandelt«, in: Immanuel Kant: *Vorkritische Schriften bis 1768 1*, Werkausgabe Band I, herausgegeben von Wilhelm Weischedel, Frankfurt am Main: Suhrkamp Verlag 1968, S. 395.

»Vor Kurzem ward ich mit der neueren sogenannten Kantischen Philosophie bekannt – und Dir muß ich jetzt daraus einen Gedanken mittheilen, indem ich nicht fürchten darf, daß er Dich so tief, so schmerzhaft erschüttern wird, als mich. Auch kennst Du das Ganze nicht hinlänglich, um sein Interesse vollständig zu begreifen. Ich will indessen so deutlich sprechen, als möglich.

Wenn alle Menschen statt der Augen grüne Gläser hätten, so würden sie urtheilen müssen, die Gegenstände, welche sie dadurch erblicken, sind grün – und nie würden sie entscheiden können, ob ihr Auge ihnen die Dinge zeigt, wie sie sind, oder ob es nicht etwas zu ihnen hinzuthut, was nicht ihnen, sondern dem Auge gehört. So ist es mit dem Verstande. Wir können nicht entscheiden, ob das, was wir Wahrheit nennen, wahrhaft Wahrheit ist, oder ob es uns nur so scheint. Ist das letzte, so ist die Wahrheit, die wir hier sammeln, nach dem Tode nicht mehr – und alles Bestreben, ein Eigenthum sich zu erwerben, das uns auch in das Grab folgt, ist vergeblich –«, Brief von Heinrich von Kleist an Wilhelmine von Zenge vom 22. März 1801, in: Heinrich von Kleist: *Sämtliche Briefe*, herausgegeben von Dieter Heimböckel, Stuttgart: Reclam 1999, S. 213.

»Hitler hat den Menschen im Stande ihrer Unfreiheit einen neuen kategorischen Imperativ aufgezwungen: ihr Denken und Handeln so einzurichten, daß Auschwitz nicht sich wiederhole, nichts Ähnliches geschehe«, Theodor W. Adorno: *Negative Dialektik*, Frankfurt am Main: Suhrkamp Verlag 1970, S. 356.

»Orientierung ist kein bloß philosophisches Problem. Sie ist erfahrungsgesättigt«
Gespräch vom 21. Dezember 2020

RTL, 17.7.2005, *Primetime*
WAS HEISST SCHWÄRMEN? / Immanuel Kant über das SINNLICH-ÜBERSINNLICHE

RTL, 1.8.1999, *Primetime*
Immanuel Kant und der SPD-Parteitag
– Was heißt Metaphysik der Sitten? –

RTL, 22.2.2004, *Primetime*
Was ist Aufklärung?

RTL, 21.3.2004, *Primetime*
Das Geheimnis des Immanuel Kant
Oskar Negt zum 200. Todesjahrs des »Alleszermalmers«

RTL, 13.11.2005, *Primetime*
DER MENSCH IST NUR DORT GANZ MENSCH, WO ER SPIELT / Immanuel Kant über GUTE UNTERHALTUNG

IMPRESSUM
Band #12 der Reihe *Volte expanded*,
herausgegeben von Dorothee Elmiger,
Mathias Zeiske und Jan Wenzel

Oskar Negt und Alexander Kluge:
Kant Kommentare

- Gestaltung und Satz: Wolfgang Schwärzler
- Bildbearbeitung: Ralf Lenk,
  Scancolor Reprostudio Gmbh, Leipzig
- Schriften: Walbaum B Regular, Mono Regular,
  mit Kursiven
- Materialien: Fancy Linen, Surbalin 115 g/m², Lonaopak 50 g/m²
- Druck und Bindung: Gutenberg Beuys
  Feindruckerei Gmbh, Langenhagen

Erschienen im Verlag
Spector Books
Harkortstraße 10
04107 Leipzig
www.spectorbooks.com

Distribution

- Deutschland, Österreich: GVA, Gemeinsame Verlagsauslieferung Göttingen GmbH & Co. KG
  www.gva-verlage.de
- Schweiz: AVA Verlagsauslieferung AG
  www.ava.ch

Erste Auflage: 2023
Printed in Germany
ISBN: 978-3-95905-770-7

INHALT

Seite 19 STATION 1
Orientierung ist kein bloß philosophisches Problem. Sie ist Erfahrungsgesättigt

43 STATION 2
Über ein »vermeintes Recht« aus Menschenliebe zu lügen und andere Geschichten mit Immanuel Kant

69 STATION 3
»Sich im Denken orientieren«. Gespräche zwischen Oskar Negt und Alexander Kluge

105 STATION 4
Inwiefern ist Liebe eine republikanische Tugend? Geschichten zu Themen von Immanuel Kant.

131 STATION 5
Warum nannte man Immanuel Kant den »Alleszermalmer«?

157 STATION 6
Kantische Kugeln

211 STATION 7
Die näheren Umstände der moralischen Kraft und andere Geschichten zum Begriff der Arbeit